U0924677

易中天中华史

The History of China / 13

隋唐定局

易中天 著

浙江文艺出版社
Zhejiang Literature & Art Publishing House

果麦文化 出品

目录

Contents

第一章
隋炀帝

他开通了南北大运河，
却没有焚书坑儒。
为什么秦始皇和唐太宗都是千古一帝，
隋炀帝却只能遗臭万年？

第二帝国

跟之前那动乱的四百年一样，创造了世界性文明的隋唐也是由一系列阴谋和杀戮开场的。隋文帝杨坚杀了北周的皇帝和皇族，隋炀帝杨广和唐太宗李世民则杀了自己的哥哥（唐太宗还杀了弟弟）。此外，隋文帝杨坚是否死在隋炀帝杨广手上虽尚无定论，但杨广被亲信和亲兵所杀则确凿无疑。

所谓青史，斑斑血迹。

然而在这片血染的土地上，开出的却是绚烂无比的文明之花。几乎所有人都承认，大唐毋庸置疑地代表着中华的鼎盛与辉煌，因此有理由成为我们民族的标志性符号或者代名词。比方说，海外华人的聚集区被叫做唐人街，某种中国特色的服装则被称为唐装，尽管那样式与大唐毫不相干。

与之相对应的，是隋往往被遗忘。

就算记得住，也只有炀帝的“昏暴”。

昏暴是唐人对杨广的盖棺论定。在此之前，杨广其实是有谥号的：明皇帝。也有庙号：隋世祖。可惜这两个体面的称号系由隋帝国的洛阳留守政权所给出，因此很快就被新建立的唐王朝推翻，改谥为炀。[1]

从此，他被叫做隋炀帝。

这是差得不能再差的恶评。依照《谥法》，炀的意思有三种：好内远礼（贪恋女色不遵礼法），去礼远众（破坏礼制背弃公众），逆天虐民（违背天理虐待人民）。有前两条就是昏，有后一条则是暴。根据后世的描述、演绎和普遍看法，杨广大约是兼而有之，既昏又暴。[2]

不知道李渊他们为什么要如此评价杨广。没错，为了证明改朝换代的合理性，新政权往往要把前朝或末世说得一团漆黑。这已经几乎是所有短命王朝或亡国之君难以逃脱的宿命。然而，其他那些末代君主，得到的谥号大多马马虎虎还过得去，跟杨广一样声名狼藉的只有夏桀和殷纣：贼人多杀曰桀，残义损善曰纣，简直就是十恶不赦。[3]

更让杨广难堪的是，炀，原本是他送给陈朝后主陈叔宝的谥号。这对于那位声色犬马的昏君倒是恰如其分。不要忘记，那家伙不但在即位之后只知道醉生梦死，便是在做俘虏时怀里也抱着两个漂亮女人。

把这个谥号送给陈叔宝的杨广，也有资格作出这样的历史评价。因为他不但是隋王朝第二任皇帝，也是当年灭陈部队的大元帅，亲眼目睹了陈叔宝的荒淫无耻和昏庸无能。只不过，杨广做梦都想不到，他的下场会更惨，送给陈叔宝的恶谥也会落到自己的头上。唐人甚至说，两位炀皇帝相逢于九泉，恐怕不合适再讨论《玉树后庭花》了吧？[4]

这真是莫大的讽刺。

可惜，历史从来就是由胜利者书写的，我们也只能管杨广叫隋炀帝。问题在于，他真有那么不堪吗？

未必。有一位历史学家说得好：秦始皇做过的事，隋炀帝多半也做了，却没有焚书坑儒；隋炀帝做过的事，唐太宗多半也做了，却没有开凿运河。那么，凭什么秦始皇和唐太宗是千古一帝，隋炀帝就只能遗臭万年？[5]

这很不公平。

如果连累到隋的意义也被低估，就更不公平。

没错，隋是短暂的。短短三十八年，相对于三千七百年的中华文明史和两千一百多年的中华帝国史，可谓弹指一挥间。然而，这个短命王朝完成的工作量，却相当于其他朝代的数倍；它留下的物质遗产、文化遗产和政治遗产，比如大运河、科举制和三省六部制，则直到明清两代都让人受用无穷。这样的王朝，难道可以小看？[6]

◎隋炀帝大事记示意图

东 突 厥
辽东郡
沈阳
平壤
呼和浩特
北京
榆林郡
马邑郡
雁门郡
楼烦郡
太原
太原郡
张掖郡
公元609年
西巡
公元607年
巡守北方
公元605–610年
开通大运河
公元612–614年
三征高句丽
兰州
陇西郡
京师
西安
东都
洛阳
江都郡
南京
杭州
公元605–606年
营建东都
公元605–616年
三下江都
附 国
缅
老
泰
挝

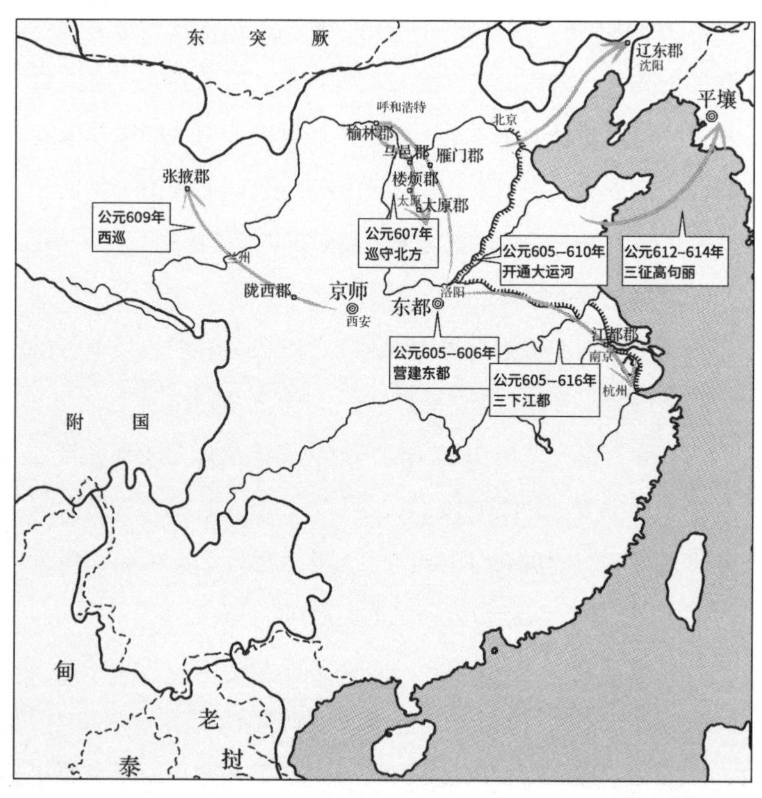

更何况，正如汉帝国不过是秦政治的遗嘱执行人，隋王朝也是唐文明的历史开创者。没有前面的秦，就不会有后面的汉；没有前面的隋，也没有后面的唐。事实上，唐太宗是跟在隋炀帝后面亦步亦趋的。他不但以隋为鉴，更是以隋为师，而且并不仅仅只是将其当作反面教员。[7]

隋，可谓时间短暂，内容丰富。它是短命的，也是不朽的。西晋才叫作昙花一现。真正有意义的是东晋，可惜却只有半壁江山，不是统一的大帝国。[8]

能够比较的，是秦。

隋与秦堪称难兄难弟——都开创了统一的局面，也都是二世而亡，还都是前有长时间的动荡和战乱（春秋战国五百年，汉末魏晋南北朝四百年），后有强大兴盛的世界大帝国（汉四百多年，唐接近三百年），而且后面两个统一王朝都曾经断裂，汉有新莽，唐有武周，可谓惊人地相似。

这恐怕不是巧合。

当然不是。事实上，正如隋唐与秦汉颇为相似，明清与宋元也极为相同，即都是前面一个汉族王朝，后面一个少数民族政权，存活的时间则大体相当：宋三百年出头，元一百年左右，明二百七十六年，清二百六十七年。明和清的时间几乎一样，而且都只比唐略短一点。[9]

秦汉隋唐，宋元明清，区别显著。

因此，如果以朱全忠灭唐为界，中华帝国的历史便可以分为上下两段。上半段一千一百二十八年，下半段一千零四年，两段的时间差不多，堪称上下两千年。

两千年表现为两种趋势。大体上说，上半段是先进行制度创新（秦和隋），然后变成世界帝国（汉和唐）；下半段则是先进行制度改革（宋和明），走向糜烂之后再由少数民族政权（元和清）来输血和救场。也就是说，上半段是上坡路，下半段是下坡路，鼎盛与辉煌是在唐宋。

唐宋是巅峰，也是分水岭。

分野是明显的：前开放后收敛，前上升后下滑，前动荡后稳定，元与明甚至实现了无缝对接。然而宋元与明清的区别也很明显：宋元延续了秦汉以来的宰相制度和隋唐以来的分权制度，明清两代却是"有政府无宰相"，一切权力都集中于皇帝。皇帝大权独揽乾纲独断，一人身兼国家元首和政府首脑，结果是明专制，清独裁，最后走向崩溃。

辛亥革命，也不是偶然的。

显然，宋元与明清不能混为一谈，秦汉与隋唐就更不能。所以，上下两千年也可一分为四：第一帝国秦汉，四百四十一年；第二帝国隋唐，三百二十六年；第三帝国宋元，四百一十六年；第四帝国明清，五百四十三年。此外还有三百六十九年无法归类，只能"计划单列"。[10]

这三百六十九年，就是魏晋南北朝。

魏晋南北朝是一个极为特殊的历史时期，持续时间之长超过两汉以外任何朝代，统一时间之短相当于秦，政治制度和文化特质既不同于秦汉也不同于隋唐，社会形态和历史意义则接近于春秋战国。也就是说，魏晋南北朝跟春秋战国一样，是在为新制度和新时代做准备。[11]

难怪隋会跟秦一样短命了，因为他们都是探索者和排头兵。前浪是只能死在沙滩上的，隋炀帝则不过是被送上祭坛的牺牲品，尽管他远非秦二世或陈叔宝可比。

实际上，由于隋既是南北朝的终结者，又是唐文明的先驱者，担负着承前启后继往开来的使命，因此难免表现出矛盾和分裂。结果，不但文帝和炀帝判若两朝，炀帝的前期和后期也判若两人。这就让史家和公众纠结：只看见后期的恨不能鞭尸三百，只看到前期的则力主翻案。[12]

不过这并不重要。杨广是该被称为炀皇帝，还是该被称为明皇帝，其实毫不关我们的痛痒。重要的是通过他对第二帝国进行反思，从而更好地审视我们的命运和选择。

但这一切，又都得从炀帝之死说起。

血案与疑团

隋炀帝是在江都被杀的。

江都即今江苏省扬州市，远在长安的千里之外，当然不是隋帝国的首都，甚至就连陪都也算不上。隋的陪都其实是洛阳。洛阳和江都，都是隋炀帝的最爱。他即位之后就立即下令营建洛阳，运河开通后又三下扬州，被杀之前竟在江都住了一年半以上，便都是证明。[13]

但，炀帝喜欢江都，不等于骁果也喜欢。

骁果就是御林军，意为骁勇果毅。作为保卫皇帝的精锐部队，他们配置精良，个个头戴金盔，臂刺血鹰，骑着汗血马，身强力壮武功非凡，却对江都没有兴趣。原因也很简单：这些汉子都是关中人。来扬州玩玩可以，老死江都，不干。

隋炀帝却不打算回到西北。

不回去也不完全是喜欢江南，实际上是回不去。大业十二年隋炀帝离开洛阳前往江都时，他的事业就已经从巅峰跌入了低谷。征高句丽民怨沸腾，巡突厥则差点被俘，炀帝却不思悔改继续一意孤行，结果是从贵族到农民全都跟他反目为仇。这位刚愎自用的皇帝，真正成了孤家寡人。

到炀帝被杀那年，天下大势对杨广已十分不利：长城内外烽烟四起，大河上下叛军遍野，就连帝国的首都长安也被唐公李渊占领，并另立隋帝，改元义宁。这个时候，炀帝就算回到西北又能如何？难道真去表哥李渊和孙子杨侑（读如又）那里做什么“太上皇”不成？

也只能赖在扬州，甚至往南京和杭州跑。

于是骁果人心浮动。

其实，思乡心切的御林军一开始并无意造反。他们的打算是开小差，约定日期集体逃亡。毕竟，隋炀帝平时待他们不薄。他甚至采纳谋臣的建议，为这支部队在江都就地解决了性生活问题。因此，如果不是由于炀帝身边出了吃里扒外的白眼狼，事情的结果也许就会两样。[14]

白眼狼是三兄弟。

三兄弟分别叫化及、智及和士及，是许国公宇文述的宝贝儿子。作为鲜卑贵族、关陇豪门和开国元勋，以及夺嫡斗争中的杨广死党，宇文述深受炀帝信任。于是这三兄弟便在老爹去世后弹冠相庆飞黄腾达，尽管他们原本是无恶不作的纨绔子弟，其中两个还犯有死罪。但，宇文述临终前的含泪哀求，让隋炀帝的心软了下来。[15]

谁知道这竟是养虎为患呢？

现在已不能确定三兄弟中是谁使坏。总之，骁果军的司令官司马德戡被告知：逃亡不是办法，造反才有出路。我们知道，宇文述生前就被认为最能代表关中人的利益，司马德戡等御林军将领也原本就是他的部下。因此，宇文兄弟与司马德戡很快达成共识，其他人更是纷纷依附。[16]

兵变迅速酿成。

经过一夜的调兵遣将，三月十一日凌晨，在门卫官裴虔通的策应下，司马德戡率兵长驱直入杀进宫中，御林军校尉令狐行达更是拔出刀来冲到了隋炀帝的跟前。

炀帝说：你要杀我吗？

令狐行达说：臣不敢，只想尊奉陛下回到关中。

说完，令狐行达放下武器，扶隋炀帝下楼。炀帝来到乱军之中，发现带兵前来抓捕他的正是自己做晋王时的藩邸老部下裴虔通，不禁惊问：怎么连你也反了？

裴虔通说：臣不敢反，但是将士们思乡心切。

隋炀帝说：朕其实正准备回关中去，只不过在等待运粮的船只。既然如此，我们现在就走。

裴虔通说：恐怕还得请陛下亲口对大家说。

于是，裴虔通牵来一匹马，要隋炀帝去见群臣。炀帝嫌马鞍简陋有失身份，死活不肯上马。裴虔通只好换了一副马鞍，炀帝这才放下架子让他牵出去游街示众。

然而乱党之首宇文化及却不想见隋炀帝了。这个家伙原本就是被两个弟弟和司马德戡他们硬逼着，才成为兵变领袖的。在整个兵变过程中他都胆战心惊，此刻则如梦方醒传出命令：把那人牵来干什么？还不赶快动手！

结果，隋炀帝又被牵回寝殿。

面对持刀环立如临大敌的司马德戡等人，在问了几个问题并眼睁睁地看着十二岁的爱子被裴虔通所杀之后，隋炀帝坦然地说：天子自有死法，拿毒酒来。

毒酒是老早就准备好了的，就藏在炀帝的那些漂亮女人那里。炀帝曾经对她们说，将来万一有难，你们先喝，朕接着喝。可惜这时那些女人一个都不见，司马德戡他们又不肯耽误时间，炀帝只好让令狐行达把自己绞死。

隋帝国，也同时宣告灭亡。

亡国并不奇怪。就连炀帝，恐怕也认为自己的死是在为大隋之亡履行手续。他似乎早就想到了这一天，以至于摸着脖子对萧皇后说：这么好的脑袋，谁来砍呢？[17]

但，这绝不意味着本案没有疑点。

事实上司马德戡他们密谋时，信息是泄露了的，一个宫女甚至报告了萧皇后。萧皇后却只是说：你想上奏，就上奏好了。结果炀帝把那宫女杀了，理由是国家大事不该由奴婢过问。因此，后来又有人报案，萧皇后便说：天下事已不可收拾，何必再让皇上增添烦恼。

从此，炀帝身边再也没人通风报信。[18]

没人知道萧皇后为什么会持这样一种态度，我们只知道隋炀帝在江都怠慢朝政放荡不羁纵情声色，这位皇后不但不加劝谏，反倒参加了所有的酒宴和派对。没有证据表明她有过任何说法，也没有证据表明她有过任何不满。换句话说，她对夫君的自取灭亡竟是听之任之。

呵呵，贤妻原来是这样做的。

炀帝被杀时她当然更是袖手旁观，也没有像炀帝的某位红颜知己那样从夫而死，只是跟宫女一起用床板做了一副棺材，默默地为相伴了三十五年的夫君料理后事。也许，在她看来，只有这才是她该做和能做的。[19]

作为知书达理的妇道人家，她这样做并不奇怪。奇怪的是叛军对她也秋毫无犯。我们知道，皇帝被杀一般都是会株连皇后的。南朝刘劭的殷皇后就曾质问执法官为什么要祸及无辜，得到的回答是：当了皇后便是罪过。

那么，萧皇后怎么就无罪？

萧皇后不该无罪。因为她是南方人，而且是南梁皇室之后——高祖是梁武帝萧衍，曾祖是昭明太子萧统，祖父萧詧（读如察）和父亲萧岿（读如亏）都是后梁皇帝。隋炀帝那么喜欢江南，与这位萧皇后是有关系的。

何况萧皇后在隋炀帝那里并非摆设。从嫁到晋王府那天起，她跟炀帝就如影相随，影响力也众所周知。因此，如果说隋炀帝是因为赖在江都而得罪了骁果，萧皇后就该负连带责任；如果说炀帝是因为贪恋女色而怠慢了朝政，那么，作为六宫之主，她应该负领导责任。

萧皇后岂能无罪?

然而，无论弑君的御林军，造反的窦建德，虎视眈眈的突厥人，还是以隋为鉴的唐太宗，都对萧皇后礼貌有加。毫无疑问，萧皇后聪慧、柔顺、节俭、识大体、善解人意，堪称温良恭俭让，确实让人敬重。但联想到炀帝被杀前她的知情不报和见死不救，却又不能不让人疑窦丛生。[20]

这个疑案，也许永远无法破解。

隋炀帝自己，恐怕就更想不通。

败家子

据说，隋炀帝死前问了三个问题。

他先问：我有何罪，以至于此?

兵变方面当然自有说法，还说得炀帝哑口无言。不过炀帝还是想不通。他说，我确实对不起老百姓，但对你们这些人可是一点都不亏呀，为什么要如此相逼?

这个问题无人回答。

于是炀帝再问：今日之事，是谁挑头?

司马德戡终于忍无可忍，脱口而出说：普天之下无不怨声载道，想杀你的又何止一个两个！[21]

那么请问，此人说的是事实吗?

恐怕是。据统计，隋炀帝执政的后期，仅历史文献中可以确认的反政府武装力量就有二百多个，其中既有勋贵出身的李密，也有农民出身的窦建德。按照唐代名臣魏徵等人所撰《隋书·食货志》的说法，当时为盗为寇造反起义的，竟多达天下人的十之八九。[22]

魏徵的这个数字当然未免夸张，但即便打个对折也很恐怖。可以说，死前的炀帝已是人神共愤千夫所指。

既然如此，他死了以后，普天同庆了吗？

没有。相反，包括反对他的人在内，普天之下竟是同声哀悼，宇文化及那伙人则成了过街老鼠。他们先是被李密拼了老本予以痛击，然后又被窦建德一举歼灭。李密虽然为此而元气大伤，却自始至终无怨无悔。窦建德的态度更是十分明朗，他就是要为隋炀帝讨还血债。[23]

这就耐人寻味。

毫无疑问，这里面的情况相当复杂。比如李渊就很可能是猫哭耗子，李密和窦建德则有可能是为了政治正确而举起的旗帜，做出的姿态。但可以肯定，这样的事情不会发生在秦末。请问，秦二世死后，刘邦项羽为他哭丧尽哀，陈胜吴广为他报仇雪恨了吗？没有，也不可能。

的确，天下苦秦久矣，却未必苦隋久矣。至少，隋文帝时代的日子比秦始皇那会儿好过。比方说，根据杨坚在建国之初的一道政令，成年男子可以有三年不纳租调，不服徭役，这样的免税政策秦王朝又何尝有过？[24]

隋，并不是秦。

文帝本人也不是暴君和昏君，反倒更像一个艰苦朴素勤俭持家的老农民，每天临朝听政不知疲倦，平时吃饭只有一个肉菜，衣服也是缝缝补补。他关心民间疾苦，痛恨官员腐败，甚至不惜用“钓鱼执法”的手段整顿吏治：派出亲信去贿赂官员，中计者当然必死无疑。[25]

不过，对于功臣故旧，他并不吝啬，该赏就赏。对治下子民，也不放纵，该防就防。最荒唐的是，他规定民间不得拥有三丈以上的船只，理由是会藏匿反贼。[26]

看来，他也不是什么观音菩萨。

这就是隋文帝：勤政如秦始皇，节俭如梁武帝，出手大方如汉高祖，严刑峻法如秦孝公。于是，破碎的山河迅速得到恢复，中华大地一片欣欣向荣，隋也成为历史上最富庶的王朝，而且脱贫致富的时间之短史无前例。[27]

显然，这样的王朝本不该亡。

难怪舆论的矛头一致指向隋炀帝，视他为鼎盛王朝的败家子。这并非没有道理。事实上这位“超级富二代”之性格和作风，跟他的创业者和守财奴父亲都大相径庭。他的追求是大作为和大功德，做派则是大手笔和大排场。何况此人天资聪明精力旺盛，又刚愎自用目空一切。因此他的战车一旦发动引擎，就再也停不下来。

第一件事，是营建洛阳。

仁寿四年（604）十一月三日，刚刚办完父皇丧事的隋炀帝亲至洛阳勘测地形。他登上邙山遥视伊阙（今河南省洛阳市南面龙门山），但见两山对望一水长流，便兴奋地说：这不是龙门吗？为什么没人在这里建都？

宰相苏威说：正是留待陛下。[28]

隋炀帝很高兴。第二年（大业元年）三月十七日，他下令由杨素、杨达和宇文恺等人负责新都的建设。杨素是隋炀帝夺取政权时的帮手，宇文恺是隋朝最著名的建筑家和设计师，杨达则是武则天的外祖父——营建洛阳时，他把女儿嫁给了来自太原的木材供应商武士彟（读如获）。

历史，也是有缘分的。

四天以后（三月二十一日），隋炀帝又下诏开凿连接黄河与淮河的通济渠，打通从洛阳到江都的河运。与此同时（三月三十日），又下令建造用于运河的帝国舰队。舰队的规模相当庞大，大小船只至少有五千之多。其中仅仅是造炀帝自己乘坐的龙舟，就相当于在今天建造航母。[29]

因此，这个工程也不小。

东都、运河、龙舟，三管齐下，这样的大手笔也只能出自隋炀帝。更不可思议的是，如此浩大的工程居然在短时间内迅速完成。五个月后，舰队完工，洛阳至江都的水路也全线贯通。一切都在炀帝的规划之中。这不能不让他满面春风志得意满，并于当年八月十五开始了第一次南巡。

紧接着，东都洛阳在第二年的正月初六竣工，前后历时十个月，同样堪称神速。于是，在江都住了半年的隋炀帝又带领舰队浩浩荡荡回到洛阳，并大陈法驾，在四月二十六日风头十足地搞了一次入城式。

帝国朝野，也是一片歌功颂德。

没错，这确实是前无古人的大事业。只不过，丰功伟绩的背后，是普通民众的血汗和尸骨。

祸乱之源，从此埋下。

隋炀帝却想不到这些。他只觉得，帝国的国库可真是充盈，皇帝的权力也真是好用。看来，这个世界上只有想不到的，没有做不到的。只要他想，那就能。

因此，他还要北狩。

对北方的巡狩是从大业三年四月十八日开始的，到九月二十三日回到洛阳，历时也近半年，路经今天的陕西省、内蒙古、山西省和河南省，声势浩大并不亚于南巡。[30]

天才发明家宇文恺，还专为此行设计制造了折叠式千人大帐和观风行殿。前者是巨大的帐篷，可以举行国宴；后者是行走的宫殿，能够容纳数百人。而且，行殿随时都可以拆卸也可以安装，只要装上轮子就能自由移动。

随扈的群臣则住在行城里，当然也是装上了轮子的大房子。行殿的外围是行城，行城的外围是铁骑。这就等于把帝国的首都搬到了草原上，并行走在路途中。突厥牧民哪里见过这种神奇的东西？全都拜倒在地。[31]

这又让炀帝出尽风头。

隋炀帝仍不满足。大业六年正月十五，他又在长安和洛阳两地举行盛大的元宵联欢晚会。洛阳的晚会现场边长五千步，参加者仅管弦乐队就多达一万八千人。街头巷尾张灯结彩，莺歌燕舞通宵达旦。为了招商引资，炀帝规定外国人来吃饭一律免费，还宣称这是中国惯例。

结果一个胡商问：我看你们中国也有衣不蔽体的，为什么要开免费餐厅，还把丝绸都缠到树上呢？

中国商贩愧不能答。[32]

隋炀帝却不管不顾，继续不停地折腾，南巡北狩之外还要征高丽。结果，一征高丽，山东农民反；二征高丽，杨素之子反；三征高丽，三巡突厥，全国皆反。等到他第三次下扬州时，可就不是南巡，而是逃命了。

剩下的问题，就只是那颗好脑袋由谁来砍。

那个昏夜

的确，隋炀帝是自己把自己折腾死的。

除了在江都等死的那一年半载，隋炀帝在位十五年几乎年年都在折腾，简直一刻都不消停。不能说他做的事情都不该做，比如，开运河就功在当代利在千秋，征高丽则是从隋文帝到唐太宗的共同心愿，而且直到唐高宗时代才算大功告成。就事论事，隋炀帝并无可指责。

可惜炀帝的每一次折腾都意味着人民的苦难。因为这位精力过人的皇帝不但好大喜功，而且急功近利，每项工程都是大干快上，每次行动都是志在必得。于是执行命令的官员便只好把鞭子打在并非快马的民工身上。当民众的承受能力达到极限时，崩溃的就不仅是他们的心理。

帝王苦竭生灵力，大业沙崩固不难。[33]

隋之亡，即因为此。

显然，问题并不在于隋炀帝干了些什么，而在于他干得太快又太密集，结果自然是虐用民力。比如，营建洛阳时每个月用工二百万人，十个月便是二千万人次。但如果把工期延长到十年呢？或者不要与此同时又开运河又造龙舟又建行宫呢？民众的负担就没那么重，至少可以喘口气。[34]

那么，隋炀帝为什么心急火燎？

通常的说法是为了及时行乐，可惜这种最能满足小市民庸俗趣味和窥私心理的论调最不可取。试想，如果他开通运河只是为了到江南游山玩水寻花问柳，那么请问，巡突厥和征高丽又作何解释？尝鲜吗？猎奇吗？

严肃的历史学家当然不会跟酸腐文人一般见识，他们更倾向于认为：隋炀帝由于得位不正，因此更急于表现自己的雄才大略，迫不及待地希望早出成果，一气呵成地完成宏图大业，功追三皇，名超五帝。[35]

但，唐太宗也得位不正，为什么并不急吼吼的？

解释是：有隋炀帝为前车之鉴，因此唐太宗深知民心比政绩更重要，也明白权力不可滥用。同样，当唐太宗坐稳江山大权在握以后，各种欲望便都开始膨胀。他差一点杀掉直言不讳的魏徵，一意孤行地征高丽，就是证明。

唐太宗和隋炀帝，不过一枚硬币的正反两面。

那么，他们当真得位不正吗？

唐太宗肯定是。他是发动玄武门政变，杀了哥哥李建成和弟弟李元吉，才夺得皇位的。尽管此案的真相由于唐人篡改历史曲笔回护而变得模糊不清，但唐太宗骨肉相残，得位不正，恐怕是谁都无法翻过去的铁案（详见下一章）。

隋炀帝却未必。

跟唐太宗一样，隋炀帝在皇子中也排行老二。太宗有哥哥李建成，炀帝有哥哥杨勇。杨勇和杨广都是嫡出，因为独孤皇后根本就不允许隋文帝跟别的女人有孩子。按照“立嫡以长”的宗法制度，皇太子只能是杨勇。

然而最后继位的，却是杨广。

而且，登基的当天，杨广就杀了杨勇。

这就不能不让人认为，隋炀帝得位不正。他一定是用阴谋诡计诱使父皇废了杨勇，立他为太子的。甚至就连隋文帝的死，也被普遍认为应该由杨广负责，凶手则被指认为是其亲信杨素和张衡。唯一不能确定或有争议的，是谋杀系由杨广指使还是默许或纵容。[36]

可惜在这个问题上，正史和野史都靠不住。因为当隋炀帝被定性为昏暴之君以后，史料的选择便已经有了先入为主的心理暗示。更何况，官修正史多有顾忌，民间野史又喜欢夸大其词，案情就只能被弄得扑朔迷离。

不妨来看《隋书》的记载。

那是一个昏暗的夜晚，病入膏肓的隋文帝忽然接到一封送错了的信。这封信是杨素写给杨广的，内容是回答杨广的问题：万一皇帝龙驭上宾，应该如何应对。隋文帝读后已是满腔怨恨，碰巧宠妃陈夫人又来控诉杨广对她非礼。一怒之下，文帝决定召回废太子杨勇，重新确定接班人。

这是《杨素传》的说法。

后面的故事，《隋书》本身就其说不一。《杨素传》的说法是：杨广得到消息，立即与杨素商量对策。杨素便矫诏封锁宫禁，并派张衡服侍文帝。结果文帝当晚驾崩，于是宫廷内外议论纷纷，到处都是流言蜚语。

然而《宣华夫人传》却另有说法。据说，文帝听了陈夫人的投诉，勃然大怒说：畜生！怎么能托付大事！然后对正在身边的杨勇党羽柳述和元岩说：叫我儿来！

柳述和元岩问：是太子吗？

文帝说：是杨勇。

于是柳述和元岩来到外间，起草了诏书，并且拿给正在值班的杨素看。杨素立即向杨广通风报信，杨广则马上把陈夫人和文帝身边的其他女人转移到别处，同时命令张衡进入内室服侍文帝。没过多久，文帝驾崩。

这就是所谓“最可靠”的正史说法。

然而正是这堂堂正史让人疑窦丛生。比方说，事变突发之时，是杨素通风报信，还是杨广找他商量？派张衡进入内室的，究竟是杨素还是杨广？张衡进入内室以后，是碰巧目睹了文帝的死亡，还是实施了谋杀？如果是谋杀，那么，是杨素或杨广指使、暗示，还是他自作主张？

基本事实都不清楚，怎么让人相信？

何况逻辑也不通。根据《隋书·高祖纪》的记载，隋文帝驾崩是在大宝殿，案发前杨素、柳述和元岩都在殿中内阁侍疾。而且据《杨素传》的记载，杨广当时也在大宝殿。也就是说，杨素和杨广同在一殿。那么请问，他们有必要书信来往吗？后来的商量对策，难道也是靠写信的？

再说了，如此重要的书信，岂会误送，又岂能误送？更何况杨素当时正在文帝身边，他写给杨广的信怎么会送出去又送进来，转一大圈到了文帝手里？文帝既然已经知道杨素是杨广同伙，为什么不对杨素采取行动？

那位陈夫人也很可疑。她状告杨广，为什么不早不晚恰恰就在这封信送到之时？这也未免太碰巧了一点。而且按照《隋书·宣华夫人传》的说法，她原本是杨广重金收买安排在文帝身边的卧底和线人。当天晚上文帝去世后，杨广还给她送了同心结并且上了床。这就更奇怪了。这样一个女人为什么要诬告杨广，差点就把他送上断头台？

就连魏徵他们也觉得说不过去，因此编造或采信了这样一个细节：陈夫人接到杨广的礼品盒，以为里面是毒药，吓得不敢打开。难怪有学者认为陈夫人其实是杨勇同党，她是跟文帝的两位公主结成同盟保杨勇反杨广的。[37]

或者说，她是“双面间谍”。

同谋之一，则是柳述的妻子兰陵公主。

这样一来，本案就完全可能是另一个阴谋：所谓杨素给杨广的回信其实是柳述和元岩伪造的，陈夫人则看准时机火上浇油，目的自然是要干掉杨广，让杨勇复辟。只不过杨广和杨素抢先一步控制了局面，当晚跟陈夫人上床则不过无稽之谈。至于文帝是自然死亡还是被杀，已无关紧要。

当然，这个说法魏徵他们绝不会采信。

但可以肯定，文帝驾崩当晚一定发生了什么事情，这些事情正是杨勇和杨广夺嫡斗争的延续。当然，那场斗争的真相已被魏徵和司马光们掩盖和歪曲，也被后世许多文人作了低级趣味的解读，尽管那才是第二帝国的秘密所在。

那么，侦破此案揭开谜底的关键又在哪里？

大运河。

大运河

大运河是隋炀帝的传世之作。

当我们乘坐高铁从杭州飞驰北上，六个小时即可到达北京时，是不大可能想起当年之南北大运河的。很少有人能够想到，在那交通不便的时代，作为帝国的大动脉，大运河有着怎样非凡的意义。那些扬帆远航的船上，承载的远远不止粮米和丝绸，更是一个民族自古以来的愿望。

这个愿望就是打通南北。

众所周知，由于地形的原因，我国境内的主要河流都是由西向东。因此，从黄河流域到长江流域，物质的交换和文化的交流，就只能靠车马走旱路。但，车辚辚，马萧萧，哪里比得上轻舟已过万重山？成本低效益高的水路航运，才是古代社会交通运输的最佳选择。

开通运河，也就势在必行。

于是有春秋连接长江与淮河的邗沟，战国连接淮河与黄河的鸿沟，秦代的江南运河丹徒曲阿，以及隋文帝的扬州山阳渎。山阳渎开通的次年，隋文帝便发动了灭陈战争。不过他的八路大军只有一路使用了山阳渎，因此也有学者认为文帝此举除了运兵运粮，应有更长远的打算和设想。[38]

这个设想，只能由隋炀帝来完成。

事实上他也完成了，而且毕其功于一役。从大业元年开始开凿通济渠，到大业六年打通江南河，一条南起余杭（今杭州），北至涿郡（今北京），贯通海河、黄河、淮河、长江和钱塘五大水系，全长四千多里的运河全线贯通。以秦岭和淮河 800 毫米降水线为分野的南北方，从此连为一体。

大运河其实可以分为南北两段。北段，永济渠连接了黄河与海河；南段，通济渠连接黄河与淮河，邗沟连接淮河与长江，江南河连接长江与钱塘江。南段与北段的交接处，是洛阳。或者说，洛阳是南北大运河的中心。

当然，也是隋炀帝的指挥中心。

因此，读懂了洛阳与运河，就读懂了隋炀帝。

但，这跟谁当太子又有什么关系呢？

关系就在杨广的夺嫡成功是真正的“政变”——政治路线的改变。政变的背后，不仅是利益集团的权力之争，也是政治派系的路线斗争。其中，杨勇代表西北帮，杨广代表南方系。他建都洛阳，开凿运河，三巡江都，皆因为此。[39]

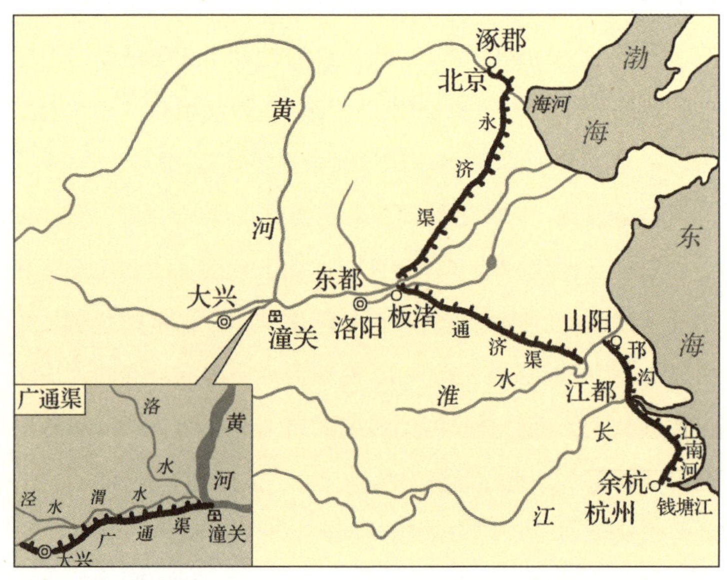

◎ 隋代大运河示意图

派系的形成是在隋文帝时代，占优势的则是西北帮，正式名称叫关陇集团——盘踞在陕西关中和甘肃陇山（六盘山）一带的政治军事势力。实际上，这也是西魏、北周、隋和唐的统治集团。西魏执政者和北周开创者宇文泰，隋王朝开创者杨坚，唐王朝开创者李渊，都属于这个团伙。

而且，也都出自武川。

武川就是武川镇，是北魏建国之初道武帝拓跋珪在北方边境设置的六大军区（六镇）之一，宇文泰、杨坚和李渊的先祖都是武川镇职业军人。北魏末年天下大乱，宇文泰奉命改镇关中。于是，与当地土豪相结合的武川集团，也就变成了关陇集团。汉化的鲜卑人宇文泰不但将“班子成员”的籍贯改为关中，还赐给他们鲜卑姓氏，比如杨坚的父亲杨忠被赐姓普六茹，李渊的祖父李虎被赐姓大野。[40]

所以，这个集团的特点可以概括为十二个字：

武川军阀，关陇勋贵，混血家族。

难怪杨坚改朝换代来得容易，因为这不过是同一统治集团内部换届，并不危害到集团的根本利益。这就像一家公司用更能干的人替换了不称职的总经理，股东们不但不会损失既得利益，反倒能够获得更多的红利，谁会反对呢？[41]

毫无疑问，这样一个集团的政治路线，势必以关中为本位，为基地，为出发点和立足点，实行关中本位政策。皇太子杨勇代表的，就是这个利益集团和这条政治路线。[42]

杨广却不一样。

作为杨坚的次子，萧妃的丈夫，二十二岁时就担任扬州总管的青年皇子，杨广至少在情感上更偏向于南方。坐镇江都十年中，他对南方文化表现出极大的兴趣，对南方士族表现出最大的尊重，甚至能说一口流利的吴侬软语。就连在宗教信仰问题上，杨广都跟杨勇唱反调：杨勇支持三阶教，杨广则力挺天台宗，并受戒成为天台宗的俗家弟子。[43]

杨广俨然成为江南地域集团的代言人。

也就在此期间，杨广与杨素结为政治联盟，牵线搭桥的则是宇文述。这是可以称为“南方系”或“老二帮”的联合阵线：杨广在皇子中排行老二，上面有哥哥杨勇；杨素在辅臣中排名第二，前面有宰相高颎（读如窘）；江南士族在帝国的政治地位也如此，关中本位让他们成为二等臣民。

现在，心有不甘的“老二”们联合起来了。那么，压抑已久又奋起一搏的他们，能成功吗？

关键的关键，就看隋文帝的态度。

态度在废立之前就已经表现出来。开皇十九年（599）八月初十，也就是杨勇被废的一年前，建国以来一直担任宰相的高颎被罢，还差点被杀。高颎可是隋王朝的开国元勋，任职近二十年时突然遭此打击，恐怕只有一个原因。[44]

没错，他已经由栋梁变成了绊脚石。

事实上隋文帝废杨勇立杨广之前，是征求了这位老宰相之意见的。高颎的反应是大吃一惊，然后长跪不起说：长幼有序，太子岂能说废就废？[45]

文帝默然。不久，高颎被免职。[46]

与高颎一样惨遭不幸的还有三阶教，这个中国佛教的宗派在杨广被立为太子后，也被隋文帝下令禁止传播，时间都在开皇二十年（600）。但如果我们知道，高颎是三阶教最大的支持者和赞助商，就不会对此表示惊讶。[47]

种种迹象表明，这场斗争的总导演是隋文帝自己，杨广及其同党或帮凶只是顺应了潮流。炀帝跟后来的雍正一样都是合法继位，他在文帝死前是否推了一把已不重要。[48]

那么，隋文帝为什么要更换太子？

为了改变政治路线。事实上，隋文帝在建国之初，即明确表示要与北周告别。为此，他进行了政治体制的改革（详见第三章），到晚年则开始反思关中本位政策，最后毅然决定走马换将。可惜炀帝在执行这一政治遗嘱时急功近利又矫枉过正，以至于得罪了整个关陇集团，终于身败名裂。[49]

这样看，萧皇后的待遇可真是奇怪。

隋炀帝却不奇怪。实际上，营建洛阳和开通运河，都是当年北魏孝文帝拓跋宏做过和想做的事。而且，在经历了长时期的动荡和分裂后，真正的中华皇帝都会打通南北。这也正是隋炀帝之所想。为此，他不惜东都和运河双管齐下，结果是为民族建立了千秋伟业，为自己留下了万古骂名。[50]

大运河，功德无量，劳民伤财。

是的，我们不能要求一个古人有“主权在民”的民主思想，却可以批评他不该忘记“民贵君轻”的圣人教导。隋炀帝确实太不把人当人了。在他眼里，民众不过是可以任意驱赶和屠戮的牛马和犬羊。结果正如孟子所说，君视臣如土芥，则臣视君为寇仇，司马德戡的话并非戏言。

隋炀帝，其实是被自己拥有的绝对权力所杀。

幸运的是，有人从隋炀帝的灭亡中吸取了教训。而且正如此人所说，水能载舟，亦能覆舟。一个政权，如果不把人民的利益放在首位，反倒与民争利，与民为敌，它的灭亡就指日可待，只剩下一个时间表的问题。

我们知道，这个人就是唐太宗。

第二章

唐太宗

隋炀帝打通了南北，
唐太宗融合了胡汉，
成为天可汗的他开创了贞观之治。
魏徵却说：
威德所加今非昔比，人心所向今不如昔。

高祖李渊

隋炀帝躲在江都时，李渊打起了长安的主意。

这是大业十三年（617）的春夏之交，各地反隋的斗争如火如荼：杜伏威占据历阳，窦建德加冕称王，梁师都据郡起兵，刘武周兵进汾阳，李密更是攻下兴洛仓威逼东都，帝国手中的要地除了长安、洛阳和江都，就只剩下太原。[1]

太原非同小可。作为拱卫首都长安和东都洛阳的北方军事重镇，它也被称为北都（隋炀帝所在的江都则似乎可以称为南都）。隋炀帝在南巡之前任命李渊为太原留守，将整个辖区的军政大权都交给他，未必没有经过慎重考虑。

李渊似乎值得信任。

跟宇文泰和杨坚一样，李渊一门也是武川军阀、关陇勋贵和混血家族，李渊跟杨广还是表兄弟，只不过李渊年长两岁，是表哥。当然，这不能说明什么。为了争夺皇位和最高权力，亲兄弟都能骨肉相残，表兄弟又能如何呢？

实际上炀帝这一任命，打的是如意算盘。太原北面是突厥，长城之内则四面都是反政府武装力量：东有窦建德，西有梁师都，南有李密，北有刘武周（见下页图）。因此隋炀帝认为，李渊只能替他看家护院，根本就无法兴风作浪。他哪里想得到，那位表哥会趁此机会握五郡之兵作为资本呢？

他当然也想不到，李渊会跟突厥勾结。

不过，李渊最初的表现确实让炀帝放心。当全国各地的反叛风起云涌时，李渊所在的太原却出奇地安静。这个军事重镇似乎远离了漩涡的中心，李渊本人则一如既往地沉湎酒色贪污腐败，一副胸无大志没心没肺的样子。[2]

然而突然之间，他说反就反了。

反叛似乎是被逼出来的。某个春意盎然的晚上，一个名叫裴寂的人请李渊吃饭。当时，隋炀帝在太原辖区所在地建立了行宫，叫晋阳宫。裴寂是晋阳宫的副监，李渊则以太原留守的身份兼任总监。副监宴请总监，理所当然。

官员的酒宴上照例有女人做三陪，裴寂却在李渊享用之后告诉他那是晋阳宫的宫女。动了皇帝的女人，哪怕这些女人其实闲置，也是不可饶恕的大逆不道。中了圈套的李渊如五雷轰顶，只好向裴寂讨教计将安出。

◎隋末群雄割据图

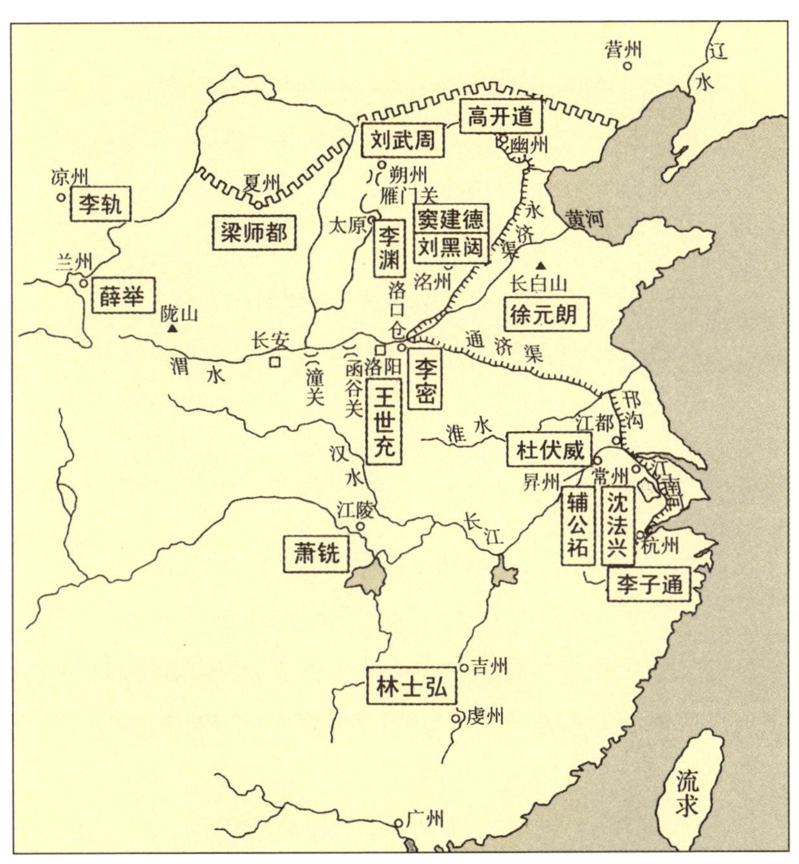

据气贺泽保规《绚烂的世界帝国：隋唐时代》

裴寂说：唯有造反。

而且，裴寂还告诉李渊，造反时机成熟，准备充分。二郎李世民已经把一切都安排妥当，只是因为担心得不到大人的同意，这才安排明公与这些女人有肌肤之亲。

跌入陷阱的李渊只好说：既然我儿确有此心，而且拿定了主意，那就听他的吧！[3]

呵呵，顺我者昌，逆我者嫖娼，李世民好主意！

可惜这根本就靠不住。

我们要问，裴寂请客吃饭是在晋阳宫内还是宫外？如果在宫内，李渊当然知道做三陪的是宫女，也当然会避之唯恐不及。如果在宫外，则李渊完全可以不认账，甚至倒打一耙以涉嫌陷害长官的罪名将裴寂就地正法。他怕什么呢？

在这里，我们再次领教了官修正史的不可轻信。为了把李世民塑造成唐帝国的真正缔造者，官方史学家都不惜制造或采信伪证。这就像《三国演义》为了抬高诸葛亮，不惜丑化周瑜，矮化刘备、孙权、鲁肃。[4]

可惜假的就是假的，手段再高明也会穿帮。

穿帮是在时间表上。按照司马光的说法，当李世民在一段时间之后向李渊旧话重提时，被“绑架革命”的李渊却翻脸不认人，拿起纸笔要写状子将李世民送进官衙。

世民说：大人一定要举报，儿不敢怕死。

李渊说：我哪里忍心，你不要乱说就是。

世民只好反复劝进。李渊这才叹了一口气说：好吧！今后是家破人亡也由你，是化家为国也由你！[5]

按照这个说法，太原起义便完全是李世民的功劳，李渊倒可以"胁从不问"的。但是请问，裴寂请客吃饭之后，李渊把那些宫女收编了吗？如果收编，则造反的决心已下，不必再装糊涂。如果没有，则他们制造李渊"被嫖娼"一案岂非多余，既诬陷了高祖，也诬陷了太宗？[6]

如此信口雌黄，学术良心何在？

利令智昏而已。

这里说的"利"当然不是物质利益，而是统治阶级的政治利益。按照这个利益的需求，史学必须具有鉴戒意义。这就只能做整容手术，比如妖魔化隋炀帝，神圣化唐太宗。尊重历史和尊重事实，不是帝国官方史学的职业道德。

顺便说一句，以史为鉴，正是唐太宗的主张。

可怜他爹，也只好去做窝囊废。

然而黑白不容颠倒。事实上，种种迹象表明，李渊绝不是糊涂虫，更不是窝囊废。他的糊涂和窝囊是装出来的，觊觎之心反倒早已有之。否则，他为什么要李建成和李世民兵分两路，一个去潜结英俊，一个去密招豪友？[7]

按兵不动，只是为了稳操胜券。

因此，一旦看准时机，他就会动如脱兔。大业十三年五月十四日，已经看出李渊有异动迹象的两个副留守，准备按照隋炀帝的监视命令对其采取行动，却被李渊逮捕杀掉，罪名自然是捏造的。这时，他可没有片刻犹豫和手软。

这样看来，贞观史臣和司马光们的篡改历史，真可谓弄巧成拙，反倒显得世民少不更事，李渊老谋深算。实际上李渊就像当年的孙权，比谁都沉得住气。正如王夫之所说，他是处至危之地，观天下之崩，伺机而动，以求一逞。[8]

而且一旦动起来，就比谁都狠。

没错，他盯住了长安。

长安本是帝国的首都，只是由于隋炀帝要打通南北重整山河，政治中心才东移到了洛阳。这就使得以洛阳为中心的南北大运河一线，成为逐鹿中原之各路诸侯的必争之地，长安反倒被人遗忘。在那风云激荡的年头，长安也像太原一样出奇地安静，成为一个死角或者真空地带。

然而长安毕竟是关陇集团的根据地。拥有长安，以长安为新王朝的发祥地，对于李渊这样的武川军阀、周隋故旧和关陇勋贵，不但名正言顺，而且驾轻就熟。何况镇守长安的是十三岁的代王杨侑，李渊想要，岂非囊中取物？

李渊却没有轻举妄动，他必须先解除后顾之忧。

为此，他做了三件事。

◎李渊进攻长安路线及日程图

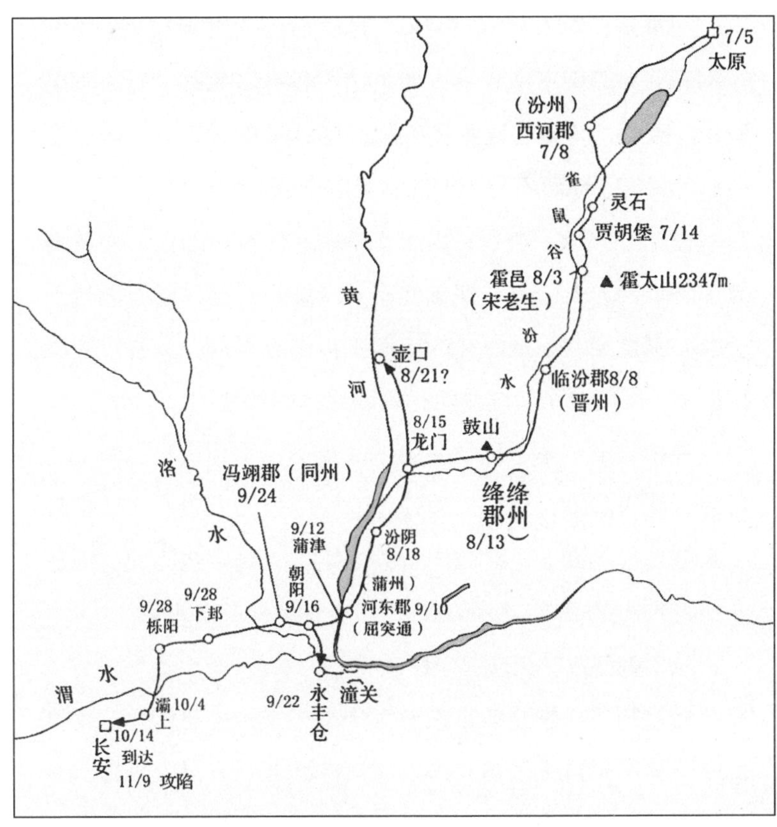

据气贺泽保规《绚烂的世界帝国：隋唐时代》

首先是与突厥的始毕可汗达成协议：攻下长安后，土地人民归李渊，女人财宝归突厥。这当然因为突厥在北，长安在南。从太原南下取长安，如果被突厥抄了后路，后果不堪设想。因此，李渊也谢绝了突厥准备派遣的大军，只接受了他们的马匹。他可不想引狼入室受制于人。[9]

搞掂了突厥，李渊又去忽悠李密。他写信给自命为反隋盟主的李密，表示衷心拥戴他奉天承运，自己只要能再封于唐就心满意足。于是骄狂的李密不再留意李渊，一心一意攻打洛阳，反倒成了替李渊阻拦东路兵锋的挡箭牌。[10]

最重要的一招，是举义旗不举反旗。李渊宣布，南下的目的是复兴隋室，立杨侑为帝，尊杨广为太上皇。这就规避了人臣造反的罪名，在政治上立于不败之地。也因此，炀帝一死，他就立即撕下假面具，毫不客气地做起皇帝来。

隐患都已排除，现在可以动身。

七月初五，李渊率军三万誓师南下。十一月初九，攻克长安。次年三月十一日，杨广在江都被杀。五月二十日，李渊即皇帝位。一个王朝倒下了，另一个王朝站起来，只不过这新王朝还必须再接受一次血雨腥风的洗礼。

玄武门之变

武德九年（626）六月四日，长安。

清晨的阳光照例洒在通往皇宫的路上，路边伫立的禁卫军有如兵马俑般面无表情。一切都跟往常一样。骑在马上并肩而行的李建成和李元吉似乎也很坦然，尽管头天晚上有人通风报信：李世民在父皇面前告了他俩的刁状。[11]

但，这又不是头一回。

是的，建国八年了，太子李建成与秦王李世民的关系越来越势同水火。原因很简单，从太原首义到统一中华，李世民一直战斗在第一线。可以说，大唐的天下至少有一半是他打下来的。然而按照宗法制度，储君却只能是李建成。

这就不要说李世民不服，天下人不服，跟随李世民出生入死的弟兄们不服，就连李建成自己都忐忑不安。没错，他是嫡长子。不过除此之外，又有多少本钱呢？就算将来能够顺利接班，李世民也未必安分守己俯首称臣。

好在，有李元吉支持自己。

皇四子齐王李元吉为什么会站在李建成一边，恐怕只能是一个谜。正史的说法，是他打算先干掉李世民，然后再取李建成而代之。可惜就连所谓正史，也不得不承认这是李世民幕僚的道听途说。是否属实，死无对证。

当然，真正重要的还是李渊。

李渊态度暧昧。在李建成看来，父皇至少也是防范李世民的，因为李世民功高震主已是不争的事实。幸亏他是皇帝的亲儿子。如果是韩信，恐怕早就兔死狗烹了。

奇怪的是，李世民并不韬光养晦，反倒十分张扬。武德四年（621）六月，打了胜仗的他甚至高调举行了入城式。李世民自己身着黄金盔甲骑马走在前面，李元吉等二十五名将领紧随其后，一万名铁甲骑兵如同黑色森林，三万名武士浩浩荡荡走进长安，队伍之长竟排出两公里以上。[12]

这真是好大的排场！

如此耀武扬威，给谁看呢？

李建成心知肚明，李渊更是眼睛雪亮。奇怪的是，他却突发奇想，提出让李世民带领自己的人马驻扎洛阳，并使用天子的旗号统治今天陕西省以东的所有地区。

高祖的说法是：东西两都，天下一家。

但，这哪里是天下一家，分明是国家分裂。这个方案如果当真实行，大唐就会像狄奥多西一世死后的罗马帝国，分裂为东西两个。不过，两罗马是可以并存的，因为两个首都相距甚远。洛阳和长安却只有咫尺之遥，岂能不刀兵相见？

那么，李渊为什么要出此昏招？

直接的原因，据说是李建成宴请李世民时，在酒里下了毒（具体下毒人不详）。李世民饮酒之后吐血数升，被参加宴会的淮安王李神通扶回了秦王府。李渊闻讯前来探视，不忍心再看见他们兄弟手足相残，才提出了这个方案。

然而此说可疑。

我们要问：李建成如果真要毒死李世民，哪里还能让他走出东宫，又怎么会请来一位身为叔王的目击证人？李渊来探视时，为什么并不追究投毒案，只是告诫建成以后不要让弟弟过量饮酒？因此，这很可能是李世民的苦肉计。[13]

李渊当然不傻，他反过来给李世民设了局中局：现在就分你一半江山，你要不要？如果要，那就是有野心。

结果，李世民的心思被李渊看破。

于是，当李元吉又来怂恿父皇杀掉李世民时，李渊的回答竟是：那个人功高盖世，杀他有什么名目？

看来，李渊也有杀心。

知道了这些背景，就不难理解六月三日发生的事情。

事情的起因，是这一天太白金星滑过了天空。有关部门立即向李渊密报：天象显示，秦王当有天下。

于是李渊召李世民进宫，向他出示报告。

此说同样可疑。有关部门的密报，为什么要拿给李世民看？要知道，当有天下，可以是现在，也可以是将来。是将来就该立他为储，是现在就得当机立断，李渊对这个密报到底作何理解？但无论哪种，都用不着给李世民看。

李渊的做法不可思议，李世民的奏对也答非所问。他的回答竟是：太子和齐王淫乱后宫。

这可真是中国逻辑。太子和齐王淫乱后宫，跟太白金星滑过天空又有什么关系？然而正是这逻辑不通，让李渊方寸大乱。恼羞成怒的皇帝只好放过天象，先解决后宫问题。

他宣布：明天开会，当面对质。

消息立即就传到了建成和元吉那里。但是他们不怕，因为李世民根本就无法举证。欺君之罪，必死无疑。

就连李渊，说不定也是这么想的。

可惜他们谁都没有想到，李世民根本就没打算对质。

第二天早晨，李建成和李元吉坦然进宫，一直走到玄武门外才感觉不对。他俩立即掉转马头准备逃回东宫，却发现自己走投无路，李世民的悍将已将他们团团围定。[14]

太子和齐王，中了埋伏。

情急之下，李元吉决定先发制人。他拿起弓箭，准备擒贼先擒王，却哆哆嗦嗦拉不开弓。相反，李世民的表现要沉稳得多。他不慌不忙叫住掉头就走的大哥，不知道跟李建成说了些什么，然后就一箭射穿了他的喉咙。

接着，李世民的爱将尉迟敬德也射杀了李元吉，还把元吉和建成的脑袋都砍了下来。结果，当东宫和齐王府的人赶来救援时，尉迟敬德只是把这两颗人头亮了出来，大部分救援部队便溃不成军，一哄而散。

于是，李世民派尉迟敬德去见皇帝。

皇帝陛下此刻正在游船上，身边是几位重臣。也许，他们是想在上朝之前统一思想。只不过没人想到，尉迟敬德竟会从天而降，而且手持兵器，一身戎装，满脸血污。

李渊当然大吃一惊。他的第一反应是出事了，因此开口就问：外面是谁作乱？

尉迟敬德答：太子和齐王作乱，秦王正在平定。

李渊又问：你来干什么？

尉迟敬德答：保卫陛下。

李渊松了一口气。[15]

只要不是来杀自己的，当然一切都好商量。

李渊便问宰相裴寂：事到如今，你看怎么办？

裴寂没有说话。[16]

另外两位却异口同声：秦王功盖宇宙天下归心，若能立为太子付以国务，则陛下如释重负，苍生欢欣鼓舞。[17]

李渊说：这正是我早想做的。

是吗？天知道。可以肯定的是，尉迟敬德戎装持械擅自闯宫，已经触犯刑律。因此同样可以肯定，禁卫军早已归属李世民。尉迟敬德哪里是来护驾，分明是逼宫。

识时务者为俊杰，李渊就一贯识时务。他马上按照尉迟敬德的要求手书敕令，将一切指挥权都交给李世民。

直到这时，李世民才应召入宫。

父子相见恍如隔世。秦王扑到皇帝怀中，亲吻着父亲的乳头泣不成声，李渊也老泪纵横抚摸着孝顺的好儿子，双方都心领神会的交易则在抱头痛哭时暗中达成：做皇帝的父亲将交出最高权力，接班的儿子则保证他安享晚年。[18]

这时，大约是下午四点。[19]

现在，杨隋变成了李唐，高祖换成了太宗，一切都那么具有戏剧性，又那么顺理成章，还那么让人疑惑。

其中教训，又在哪里？

天可汗

李渊成在长安，杨广败在江都。[20]

没错，占据长安，再加上尊奉隋室，就有了号令天下的有利地位。相反，背离了关中本位政策，则势必被关陇集团集体抛弃。隋炀帝至死都不明白的问题，答案就在这里。

但，杨广不能不营建洛阳，不能不打通南北。他唯一的错误是不该视人民为土芥。因此，当他成为人民公敌时，也只能躲到江都。令人费解的是，他居然把首都长安留给一个十三岁的孩子，却把太原给了李渊，这又是为什么呢？

也许，是因为突厥（Turks）。

突厥是继匈奴和鲜卑之后，对中华史影响重大的北方游牧民族。可惜，我们对这个古老的民族知之甚少，只知道他们的起源地在准噶尔盆地以北，以狼为部落的图腾，曾经臣服于柔然，为他们在阿尔泰山打铁，因此得名突厥，进入中华史的视野则是在西魏文帝的大统八年（542）。

不过到北周时期，突厥已经建立了强大的汗国，辖境东至辽河上游，西至中亚里海，北至贝加尔湖。突厥人的国家之所以叫汗国，是因为国王叫可汗（读如克寒）。这个称号是他们从柔然那里学来的，相当于匈奴的单于。

实际上从西魏末到隋初，突厥都是欧亚草原上最强大的国家，控制着东西方的交通和贸易。在西方，他们与拜占庭帝国眉来眼去，还相约共灭伊朗的萨珊王朝（Sassanid，又译萨桑王朝）。在东方，他们当然免不了要越过长城前来拜访，而且多半不怀好意，也不会空手而回。[21]

突厥，是匈奴之后的中华北方边患。

幸运的是，由于种种原因，突厥在开皇三年（583）正式分裂为东西两个汗国，这就给了隋帝国挑拨离间、分化瓦解的大好机会。结果是东突厥的启民可汗俯首称臣，西突厥的泥撅处罗可汗接受招抚，就连世世代代与西突厥为仇的波斯帝国也来表示友好，隋炀帝的外交大获成功。

可惜在政治斗争中，没有永远的敌人，也没有永远的朋友。启民可汗去世后，继位的始毕可汗就跟炀帝翻脸。他甚至在大业十一年（615）八月以数十万骑兵，将第三次北巡的隋炀帝围在雁门（今山西省代县），差点就要了他的命。

隋炀帝从此一蹶不振。[22]

始毕可汗却学会了坐收渔翁之利。隋炀帝在他和西突厥之间翻云覆雨，他则在隋帝国动荡之时浑水摸鱼。谁来依附他，他就封谁为天子。那些反政府武装力量，也乐意接受可汗的称号。炀帝用于突厥的手段，被反治其身。[23]

难怪他要把李渊安排在太原，突厥不可不防。

但，突厥固然是北方的狼，李渊也不是看门的狗。他的野心比谁都大，也更狡猾。为了夺取天下，他不惜放下身段向始毕可汗俯首称臣，而且此事的主谋就是李世民。[24]

这就在历史上留下了案底，让李唐君臣耿耿于怀。何况建国以后，始毕可汗仗着他跟李渊的特殊关系，向大唐索求无度，态度傲慢。他的继承人也如此。尤其是颉利可汗（颉读如鞋），更是三番五次前来骚扰。立足未稳的李渊，则不得不忍气吞声，委曲求全，虚与委蛇。[25]

显然，不解决突厥问题，将国无宁日。

其实就连玄武门之变，也可能与突厥有关。当时，突厥铁骑包围了乌城（在今内蒙古乌审旗或陕西定边县），李元吉被任命为统兵元帅前往救援。李世民却得到线人密报：太子将在为元吉饯行的宴会上谋杀自己，自己的爱将尉迟敬德等人则将由李元吉编入部队，在战场上秘密处决。[26]

这样一来，李世民就不得不自卫反击。

当然，这个情报未必可靠。甚至有没有这个情报，恐怕都很可疑。但，玄武门事件之后，突厥就出兵大举进犯则是事实。而且，在遭遇了尉迟敬德的抵抗和拦截后，颉利可汗仍然抵达渭水之北。朝野为之震惊，长安为之戒严。

此时，秦王李世民刚刚得到皇位。

实际上，京师戒严与太宗登基几乎同时。这就说明形势的紧迫已容不得李渊父子慢条斯理地行礼如仪，击退突厥的希望则被寄托在一贯英勇善战的李世民身上。问题是，既然猛将尉迟敬德的防线都被攻破，长安城内其实也并没有多少兵力，唐太宗又靠什么克敌制胜？[27]

勇敢和智慧。

八月二十八日，颉利可汗派了一名亲信进入长安打探虚实耀武扬威。这名使者宣称，可汗率领的百万雄师已经全部到位。唐太宗则毫不客气地痛斥来人：我与你们可汗曾当面缔结盟约，为什么却不讲诚信？尔等虽是戎狄，也应该长着人心吧？再若自夸强大，我现在就杀了你！

说完，唐太宗将此人关押在门下省，然后带了五位大臣出玄武门，一行六人来到渭水边，与颉利可汗隔水相望。突厥的各路酋长远远看见大唐天子骑在马上，英姿飒爽，闲庭信步般走来，无不感到震撼，纷纷下马向这位虚龄二十九岁的年轻皇帝行突厥大礼，弄得他们的可汗十分尴尬。

没过多久，大唐部队也来到渭水。他们的军旗在秋风中高高飘扬，他们的盔甲在阳光下熠熠生辉，他们自己也阵容齐整步调一致，展示着中华帝国凛然不可侵犯的威严。

突厥酋长们再次感到了震撼。

◎ 唐铠甲步兵与骑兵

太宗皇帝却轻轻挥了挥手，让部队后退，并以战斗序列留在原地。自己则打马向前，与颉利可汗单独谈判。正史没有记载这次谈话的内容。但我们知道，两年前，颉利可汗入侵时，秦王李世民是提出过要单挑决斗的。这一回，皇帝李世民应该是义正词严地指责对方背信弃义吧？

两天后，双方签订了和平条约。

长安解围了，大唐得救了，各族人民也避免了一场战争灾难。这是太宗皇帝冒着生命危险换来的。事实上，当时就有大臣拦马劝阻。李世民却说：这是我深思熟虑的决定。突厥胆敢来犯，无非欺负我们国有内乱且朕初即位，想必无力反抗。因此，只要镇定自若，强虏一定不战而走。

那么，突厥撤退时，该不该追呢？

太宗的主张是不追。他说，我已经在突厥的退路上埋伏了军队，消灭他们易如反掌。然而，一旦开战，双方都会有伤亡。不能解决问题，反倒结下仇恨，何必呢？现在国家尚未安定，百姓尚未富裕，还是清静为好。至于突厥汗国，不过乌合之众。到他们分崩离析时，再一网打尽不迟。[28]

原来，唐太宗打的是政治战、心理战。

战争是政治的延续。懂政治，才战无不胜。有内乱，则必败无疑。实际上，事态的发展也正如太宗所料，突厥汗国作为依靠武力威胁和掠夺致富而建立的松散联合体，很快就无法维持下去，大唐的反攻也在充分准备之后发动。

贞观三年（629）十一月，战争全面展开。不到半年，大唐军队即大获全胜。西起阴山北至大漠的广阔地带，都被收入唐帝国版图，颉利可汗则成为俘虏，东突厥从此灭亡。

消息传来，太上皇李渊非常高兴。他说：当年，汉高祖被困于匈奴。今天，我儿子灭掉了突厥。我可是选对了接班人啊！于是，他召集王公贵族设宴凌烟阁。酒过三巡，太上皇自弹琵琶，唐太宗翩然起舞，欢声笑语通宵达旦。

更让太宗满意的是，原本由突厥人统治的北方各族酋长一致推举他为“天可汗”，亦即各族人民的“总皇帝”。这可是从来没有过的事情，因此他笑容满面谦虚地说：我是大唐天子，还可以再做可汗的事吗？

得到的回答是：万岁！万岁！万万岁！[29]

贞观路线

打败突厥的同时，大唐也迎来了贞观之治。[30]

贞观之治的代表人物是魏徵。

魏徵本是李建成的人，官职太子洗马（洗读如显），官阶从五品。他的职位虽不高，却是“太子党”的核心人物，曾经力劝李建成及早对李世民动手。因此玄武门之变后，李世民见到他的第一句话就是：你为什么要离间我家兄弟？

这是大兴问罪之师，来势汹汹，咄咄逼人。

魏徵却不好回答。赖账是不行的，谁都知道他的立场和作为。解释也不行，越解释越不通。认账更不行，那是把自己往死里送。何况李世民提出的根本就是伪问题。他们兄弟你死我活，哪里是因为有人挑拨，又岂是谁能离间的？

那么，李世民为什么要这么问？

为了给自己开脱罪责，也为了将惊天血案轻描淡写。按照这个问题的内在逻辑，玄武门之变是他的自卫反击，而李建成和李元吉要除掉自己，则是被小人挑唆。

但，这个问题又为什么要问魏徵？

因为需要魏徵亮出观点。魏徵是太子党中最有头脑和影响力的人，他的回答不仅代表着李建成集团残余势力的政治态度，也将决定大唐的政局和命运——如果魏徵质疑玄武门之变的正当性，那就不知道会有多少颗人头落地。

魏徵的态度又是什么？

不卑不亢，神情自若。

他说：先太子如果早听我的，哪有今天？[31]

所有人都吓出一身冷汗。

李世民却如释重负。他马上改变态度，非常礼貌地请魏徵到自己身边来工作。因为他得到了自己想要的答案：东宫与秦王的斗争没有是非，也无关乎道德，只有一个谁先下手的问题。因此，此案将按照成王败寇的逻辑进行解释。魏徵的个人态度和立场也很明确：士为知己者死。

难踢的球，被轻轻踢了回去。

毫无疑问，魏徵这样回答并非没有风险。李世民如果听不出言外之意，他就只有死路一条。但，故太子虽然算不上知己者，好歹也有知遇之恩，那就为他去死好了。

魏徵把命运交给了上天。

李世民却接住了球。他立即就作出反应和判断：与其杀了魏徵，让他为李建成去死，不如委以重任，让他为自己而死。他甚至接受魏徵的建议，同意太子余党参加李建成和李元吉的葬礼。如此豁达大度，化敌为友，不但迅速地稳定了政局，也壮大了力量，终于造就贞观之治。

这就是李世民的政治智慧。

魏徵也决定为这位知己者竭尽全力。在他看来，国家利益绝对高于个人恩怨，大唐何去何从也远比李家兄弟谁是谁非更为重要。因此，当李世民向他伸出橄榄枝时，他回报的厚礼便是帮这位新皇帝确立政治路线。

那么，贞观路线的核心是什么？

王道。

表面上看，这不过儒家伦理的老生常谈，但在当时却有着非凡的意义。因为从西魏、北周到隋唐，关陇集团从来就是靠霸道起家的。改行王道，就意味着在某种程度上要偏离关中本位政策，立足未稳的唐太宗可以这样做吗？

他决定进行讨论。

武德九年十月，也就是李世民登基两个月后，一场关于政治路线的辩论在大臣们之间展开。唐太宗首先发问：方今正值大乱之后，天下恐怕很难治理吧？

魏徵却认为不但做得到，而且很容易。他说：乱世之民人心思治，反倒比骄奢淫逸的久安之民更好治理。这就好比一个人又饥又渴，只要给他吃的喝的就能解决问题。

意思也很清楚：必须行王道，施仁政。

一个名叫封德彝的人却跳出来反对。他说：王道的时代已经过去，想要实现也实现不了。秦始皇严刑峻法，汉武帝杂用霸道，不是他们不想垂拱而治，而是因为人心不古，世风日下，不可收拾。魏徵是书呆子，不能让他空谈误国！

魏徵当面反驳。他说：尧舜行帝道而大同，汤武行王道而小康。可见实行什么样的政治路线，就会有什么样的社会形态。人心是亘古不变的。如果真像封德彝说的那样越来越坏，世间早就变成了鬼域，哪里还能讨论什么治理？

封德彝哑口无言。

然而朝中大臣，却多半站在封德彝一边。

那么，魏徵与封德彝，谁是谁非？

实践是检验真理的唯一标准。唐太宗采纳魏徵的建议推行王道，与政治对手实现和解，让人民群众休养生息，结果是只用四年就天下大治。据说，四年后的大唐境内，人人安居乐业，户户丰衣足食，死刑犯一年只有二十九人，物价低到斗米三钱，太宗本人则成为各族人民的天可汗。

可惜封德彝没能看到。唐太宗感叹说。[32]

魏徵成功了，封德彝却并非全无道理。事实上，背离关中本位政策是有风险的，隋炀帝就是教训。问题在于封德彝他们只知其一不知其二。别忘了，隋有开皇之治，就因为文帝施仁政。炀帝的问题则不仅在于脱离关陇集团，更在于横行霸道。他是被关陇集团和人民群众一起抛弃的。

但，隋炀帝的重心转移和打通南北却没有错。如果能把洛阳建设得朴素和缓慢一些，就更没有错。因为洛阳的地理位置确实比长安更好。作为真正的“天下之中”，无论调配物资还是调遣军队、发号施令，洛阳都比长安方便快捷。定都洛阳，其实更有利于建设中央集权的大帝国。

因此，贞观四年（630）六月，也就是唐太宗被尊为天可汗的三个月后，营建洛阳的诏令下达，初衷就是为了便于管理和节约成本。遗憾的是，唐太宗遭到了抵制。

抵制的人叫张玄素。

张玄素给唐太宗写了一封很长的信，反对的理由主要是劳民伤财。他甚至为唐太宗开出明细账单，比方说当年隋炀帝营建洛阳时，仅仅搬运一根柱子就需要数十万人工。张玄素还说，当今国力远非隋时可比，隋亡之鉴又近在眼前。如果还要重蹈覆辙，那就连隋炀帝都不如。

太宗说：我不如隋炀帝，比得上夏桀和殷纣吗？

不难想象，他当时肯定一肚子气。

张玄素却说，只要营建洛阳，那就没什么区别。

不过，接下来张玄素又说：想当年，陛下平定洛阳，太上皇下令毁灭宫殿，陛下却提出要将拆下来的砖瓦木材赐给穷人。这件事，民众颂扬至今，陛下自己难道忘了吗？

唐太宗只好说：我考虑不周。[33]

营建洛阳一事就这样不了了之，但唐太宗的决定却绝非一时兴起。他甚至就是要走隋炀帝的老路，因为他们俩实在太像了：在皇子中都排行老二，都是通过打倒现任皇太子而登上帝位，也都要依靠关陇集团以外的力量。没错，在长期的征战中，李世民与“山东豪杰”的关系非同一般。

于是一切都变得跟隋代一样：太子党以关中为本位坚守长安，老二帮以关东为基地青睐洛阳。不同的是，由于张玄素的慷慨陈词，长安与洛阳之争变成了王道与霸道之别，唐太宗也只好走中间路线，立足关中实行仁政。[34]

对此，魏徵似乎是赞成的，却未必十分在意根据地应该在关中还是关东。他更在意的还是建立一种新的政治。在他看来，那才是应该毕生追求的东西。[35]

那么，新政治又该是怎么样的呢？

新政治

贞观八年（634），帝国发生了一件怪事。一个名叫皇甫德参的中牟县丞上书朝廷，历数皇帝的三大错误：修宫殿劳民伤财，收地租与民争利，宫女梳高髻带坏了社会风气。县丞只是从八品的小官，皇甫德参的话也未免过分，于是太宗勃然大怒：这家伙什么意思！难道要朕一个人都不用，一分钱都不收，宫女都剃光头，他才称心如意吗?

据此，皇甫德参该按讥讽和诽谤定罪。

出来说话的又是魏徵。

魏徵说，自古以来，上书都是言过其实的，因为非如此不能引起君主的注意。唐太宗也马上明白过来。他说，朕如果治这个人的罪，以后谁还再敢说话?

于是，赐皇甫德参绢二十匹。

魏徵却说：最近陛下的心胸好像不够开阔。

唐太宗又明白了，干脆一不做二不休，将皇甫德参提拔为监察御史。监察御史正七品，而且是专职监察官员，享有不必请示汇报就可以直接进行弹劾的独立监察权。任命皇甫德参为监察御史，表明皇帝是真心愿意听取意见。[36]

门窗一开，清新的空气便吹进朝廷。

这其实并不容易。毕竟，皇权的使用没有法律限制，舆论的监督也没有制度保障。在这样一种前提下，要造就“知无不言，言无不尽”的环境和风气，为君者固然需要气度和雅量，为臣者更不但需要勇气，还需要技巧和智慧。

对此，魏徵有着清醒的认识。

贞观之初，有人向唐太宗打小报告：魏徵为人处世不拘小节，影响不好。魏徵却说：君臣应该同心同德，存公道而去私迹。如果都拘泥于小节，国家是兴是亡就不好说了。

唐太宗马上回答：我明白了。

魏徵趁机说：愿陛下成全魏徵，做良臣不做忠臣。

太宗很惊异。

他问：忠与良，有区别吗？

魏徵说：当然。忠臣是只管提意见，不考虑对方能不能接受，结果自己丢了性命，人君也背上恶名，并不可取。正确的做法，是让君主成为明君，自己成为良臣。

太宗说：很好！

接着他又问：怎样才能成为明君？

魏徵答：偏听则暗，兼听则明。[37]

太宗点头称是，于是两人一起努力。魏徵的原则是：所有的批评和建议都出于公心。技巧和智慧则是：所有正确的决定都归功于皇帝，包括贞观年间相对宽松的舆论环境和政治局面。他曾当众回答太宗的表扬说：臣等畅所欲言，全由陛下引导。否则，魏徵又岂敢屡犯龙鳞？[38]

这不是拍马屁，反倒实事求是。

毕竟，在皇权时代，帝王才是决定性因素。

但即便如此，魏徵也差点就掉脑袋。有一天，唐太宗下朝回宫，气呼呼地对长孙皇后说：魏徵这家伙老是当面给朕难看，总有一天朕要杀了这乡巴佬。

皇后听了一言不发，换了朝服向太宗礼拜。

太宗大吃一惊，问：皇后这是干什么？

长孙皇后回答：臣妾听说，主明则臣直。如今魏徵这样耿直，岂非因为陛下是明君，臣妾又岂敢不贺？

这件事当然未必属实。但长孙皇后在他们两人之间曾经起着调和作用，是事实。太宗耿耿于怀，魏徵担着风险，也是事实。于是我们要问：魏徵这样置生死于度外，除了报答唐太宗的知遇之恩，还要干什么？[39]

实现自己的政治抱负。

魏徵的抱负又是什么？

建立理想的君主政治，它包括以下内容：

首先，承认人民是君主存在的前提和理由。用唐太宗的话来说，就是“君依于国，国依于民”。因此，可以“以一人治天下”，不能“以天下奉一人”。[40]

其次，强调君主必须有道德，尤其要尊重民众的生命权和生存权。同样用太宗的话说，就是“为君之道，必须先存百姓”。损害人民利益满足个人欲望，那是自杀政策。[41]

第三，主张君臣一体，共治天下。唐太宗说，没有人真能日理万机。而且就算能，也不能保证不犯错误。如果所有的决定都出自一人，那么，只要一天犯一个错误，十天就是十个。日积月累，不亡国又更待何时？[42]

所以，只有君臣同心，天下才可望有治。

民为邦本，君道有德，共治天下，这就叫“理想的君主政治”，是魏徵和太宗的共同追求。

实际上，这也是当时的最佳选择，甚至是唯一选择。在我们这样一个古老而又早熟的农业民族中，以及在这片广袤而又开阔的农耕土地上，不可能自发地产生民主政治，也不可能自发地产生资本主义。我们只能选择君主制，并从“三级分权”的邦国制（封建制）走向“中央集权”的帝国制。

在此前提下，开明专制便是理想。

但这绝不能寄希望于某个开明的君主。君主的个人魅力和道德品质都是不可靠的，人治也从来就不是中国传统政治的主旋律。个人政治的特点是人亡政息，根本不能保证长治久安。因此它只适用于动乱时代（如三国）和雄主时期（如汉武帝），承平之世却只能靠制度。

◎唐户部记账一览表

年代	州府数	县数	乡数	户数	口数	出处
武德年间				200余万		《通典》卷7，《历代盛衰户口》
贞观年间				不满300万		《通典》卷7，《历代盛衰户口》
贞观十三年大簿	358	1，551				《初学记》卷8，《总叙州郡》
永徽元年				3，800，000		《资治通鉴》卷199，《通典》卷84
神龙元年记账				6，156，141	37，140，000	《资治通鉴》卷208，《唐会要》卷84
开元十四年记账				7，069，565	41，419，712	《资治通鉴》卷213，《唐会要》卷84
开元二十年户部计				7，861，236	45，431，265	《旧唐书》卷8，《资治通鉴》卷213
开元二十二年记账	315			8，018，710	46，285，161	《唐六典》卷3
开元二十八年记账	328	1，573		8，412，871	48，143，609	《资治通鉴》卷214，《新唐书》卷37
天宝元年记账	362	1，528	16，829	8，525，763	48，909，800	《旧唐书》卷9
天宝元年				8，348，395	45，311，272	《册府元龟》卷486，《通典》卷7

唐太宗吸取隋亡教训，在国内厉行节约，百姓休养生息，社会秩序稳定，唐的经济和人口逐步增长。

站在这个立场，我们就得重新评价贞观之治。

事实上，贞观之治是典型的人治，它的成功主要由于太宗和魏徵。如果魏徵遇到的是隋炀帝，早就人头落地；如果太宗身边都是封德彝，也难免重蹈覆辙。玄武门之变前，封德彝向李世民大表忠心，却又暗中充当李建成的鹰犬。这事直到他死后才暴露出来，让唐太宗大吃一惊。[43]

人，又怎么靠得住？

太宗自己也靠不住。贞观初年，他确实谦虚谨慎。到了中期，就开始骄傲自满。就连他表扬和推崇魏徵，也未尝没有自鸣得意的成分。贞观十二年（638）三月，唐太宗在五品以上官员的宴会上将佩刀赐给魏徵，然后又问了一句话：朕这些年的政务跟以前相比，怎么样啊？

显然，他是想听到吹捧。[44]

魏徵却说：威德所加今非昔比，人心所向今不如昔。

唐太宗目瞪口呆。

他说：怎么会呢？

魏徵回答：贞观初年，陛下唯恐听不到忠言，总是千方百计地引导，兴高采烈地听从。现在虽然也能听取意见，却总是勉勉强强，面有难色，当然比不上从前了。

唐太宗怅然若失：人真是难得自知之明啊！[45]

难怪魏徵去世后，唐太宗会这么说：以铜为镜，可以正衣冠；以古为镜，可以见兴替；以人为镜，可以知得失。魏徵撒手人寰，朕失去一面镜子了。[46]

但，这样的镜子，岂非可遇不可求？

因此，靠得住的还是制度。

事实上，隋唐正是一个制度创新的时代。这一创新始于开皇年间，成于贞观之治，是几代人集体智慧的结晶。它的丰富内容，是我们马上就要讲到的。

现在则不妨先做小结：壮丽辉煌的隋唐，是许多人共同缔造的。隋炀帝打通了南北，唐太宗融合了胡汉，魏徵等人建立了新政治，他们一起创造了新文明。这个新文明可以概括为三个关键词：官僚政治，混血王朝，世界帝国。

那就让我们一一道来。

第三章

官僚政治

骑马巡街探访名花的新科进士，
逐渐成为帝国官僚集团的主力军。
正是这个集团支持的三省六部制，
开始了唐宋元明清的新政治。

大背景

在不少人心目中，中华史其实是从唐宋开始的。因为人们耳熟能详的不是春秋战国，也不是秦汉魏晋，更不是五胡十六国，而是唐宋元明清。这五个朝代构成了一种历史的整体感，浑然一体到不假思索便能脱口而出。[1]

那么，这种整体感又从何而来？

三省六部和科举制度。

科举和三省六部，都是隋唐的制度创新，也是本章的主要内容。大体上说，三省六部是中央政府的组织制度，科举则是帝国官员的选拔制度。其中，科举制和六部制一直延续到晚清，持续时间占据了中华帝国史的六成以上。唐宋元明清之所以一气呵成，就因为有这两条线索贯穿始终。

显然，这里面必有奥秘。

奥秘在国家的性质。

从传说中的启废禅让开始，我们民族就告别史前进入了国家时代。以二里头遗址为考古学证据，这个时代至今三千七百年。三千七百年的国家史又可以分为三个阶段：秦并天下之前是邦国时代，秦并天下之后、辛亥革命之前是帝国时代，之后是共和国（Republic）时代。

时代不同，政治和制度也不同。

在邦国时代，国家是封建制，政治是贵族制。名义上得到上天授权的天子将天下分封给诸侯，是为国（邦国）；诸侯再将邦国分封给大夫，是为家（采邑）。诸侯对邦国，大夫对采邑，都享有独立的治权，是为封建。[2]

天子作为天下共主，诸侯作为邦国国君，大夫作为采邑家君，爵位和权力全都在家族内部世袭，没有继承权的其他子弟则成为士。他们共同构成一个阶级，是为贵族。

贵族管理采邑叫齐家，治理邦国叫治国，维持国际秩序叫平天下。但，无论齐家、治国、平天下，都是尽义务而非被雇用，因为家和国都是他们自己的。因此，他们并无俸禄和薪酬，有可能腐化，不可能腐败，是为贵族政治。[3]

邦国，是贵族的时代。

贵族的时代也有四个阶段：西周是王的时代，东周是诸侯的时代，春秋是大夫的时代，战国是士的时代。这说明什么呢？说明贵族阶级每下愈况，邦国制度也终将解体。没有哪种制度和政治会是永恒的，新的国家制度必然诞生。

这就是帝国。

帝国制度的特点是中央集权，普天之下的产权和治权都属于一个人、一个家族，即皇帝和皇族。皇帝之下，士农工商统统编入户籍，叫“编户齐民”。功臣勋贵和皇亲国戚虽然也封王封侯，但封国不再是领地，他们也没有治权。[4]

因此，作为一个阶级的贵族，理论上已不该存在，实际上也日趋消失。或者说，在帝国时代，权贵阶层是有的，贵族阶级是没有的，贵族政治当然也难以为继。

取而代之的，又能是什么，该是什么？

照理说是皇权政治，秦皇汉武他们也是这样想的。然而中华帝国的幅员是那样地辽阔，人口也如此地众多，完全实行“皇帝一人治天下”的人治，事实上并不可能。

可能的是什么？

官治。

换句话说，官员治国，或官员代理。

这里面略有差别。官员治国，就是皇帝高高在上只做元首，代表国家的统一和主权，所有的政务都交给官僚集团打理。这是儒家的理想。官员代理则是皇帝直接行使治权，官员充当代理人和执行人。这是法家的主张。

毫无疑问，官员治国和官员代理是对立的统一。因为即便是由官僚集团来治理帝国，也只能在皇权政治的框架之下进行。同样，即便是皇帝一人独裁，中央政务也得由官员来处分，地方行政也得由官员去代理，皇帝无法包办一切。

因此，帝国的政治，就可以说是官僚政治。

当然，也可以说是皇权政治。

贵族政治则只能下课，矛盾和腐败也应运而生。因为贵族治国齐家，其实是自己管自己，相当于“家庭联产承包责任制”。即便有斗争，也是争夺承包权。包括后来诸侯发动兼并战争，大夫鲸吞国有资产，本质上都如此。

皇权政治和官僚政治却从来就是责权利不清。比如天下和国家到底是谁的？就模棱两可。一方面，大家都说“普天之下，莫非王土”；另一方面，又说“天下非一人之天下，乃天下人之天下也”。如此矛盾，岂非产权不清？[5]

权属不清，就责任不明，左右摇摆。结果，如果皇帝强势，就是皇权政治；皇帝弱势，就是官僚政治。

同样，由于天高皇帝远，九五至尊对许多具体事务都鞭长莫及，这就给官员的权力寻租留下了广阔空间。再加上官员在帝国这家公司并无股份和分红，势必利用代理皇权的机会上下其手牟取私利，终致腐败不可遏止。

这是帝国的胎毒。

官僚制度多次变革，直接原因就在这里。

也就是说，以儒生为基本队伍的官僚集团，总是希望分得更多的权力。这不仅是利益驱动，更是理想使然。在他们看来，理想的政治应该是君臣共治天下，建立文官政府行王道施仁政。贞观之治备受推崇，原因也就在这里。

可惜历史上既有开明皇帝如唐宗宋祖，也有霸道如秦皇汉武和朱元璋。王道是从来就敌不过霸道的，皇权与官治之争也将贯穿始终，并导致一次又一次的政治体制改革。

但更重要的，还是谁成为统治阶级。

邦国时代的统治阶级是领主，帝国时代的统治阶级是地主。这是最重要的历史分野。但，究竟哪一种地主阶级才最适合中央集权的帝国制度，却经过了漫长的实验和探索。

首先登上舞台的是贵族地主阶级，时间在秦汉。这丝毫都不奇怪。毕竟，秦汉是第一帝国，刚刚从邦国时代过渡而来，贵族地主正好充当中介。因此西汉初年，便是皇族与功臣集团共掌朝政，勋贵出身的列侯担任宰相竟成为惯例。

这当然并不符合帝国的本性，于是有刘邦和吕后的兔死狗烹，以及武帝的多次夺权。实际上，汉武帝打破先封侯后拜相的惯例，任命平民出身的公孙弘为丞相，就说明他已经意识到贵族地主不能成为统治阶级。遗憾的是，他们防得了功臣，躲不过外戚，掌握政权的还是贵族地主。

不过，汉武帝毕竟独尊儒术了，读书做官也逐渐成为风气和共识，由此形成了一种新的社会群体，即士族或士族地主阶级。这样一来，与皇家平分天下的，便由功臣集团和外戚集团变成了名门望族，并终于形成门阀政治。

门阀是一种半官僚半贵族政治，真正的官僚则应该类似于今天的职业经理人。更重要的是，官僚集团不能与皇权相抗衡，因此他们不能出身高贵。也因此，寒门庶族，即庶族地主阶级才是合适的，门阀制度则不过承前启后。

制度变革的背后，是历史的走向。

现在，贵族地主和士族地主都完成了历史使命，唐宋元明清将是庶族地主的时代，隋唐则是转折的紧要关头。

这就有了两个方面的制度创新。一方面是帝国官员的选拔制度，即科举制，目的是确保庶族地主能够替代士族地主成为统治阶级。另一方面是中央政府的组织制度，即三省六部制，目的是实现皇权政治与官僚政治的和谐与平衡。

如此创新，当然非同小可。

那么，什么是三省六部？

这种制度，又为什么能摆平皇权与官僚？

三省六部

简单地说，三省六部就是隋唐两代的中央政府。其中三省指中书省、门下省、尚书省，六部则是尚书省下属的六个职能部门：吏部、户部、礼部、兵部、刑部和工部。这个制度意义重大，其影响既是历史性的，也是世界性的——现在我国中央政府的部门仍然叫部，日本的则仍然叫省。[6]

那么，什么是省？

省的本义是后宫。魏晋隋唐时期，王朝中枢建筑群的最前面（南端）是皇城，有太庙、社稷、官署、衙门。中部为宫城，是皇帝会见群臣之处。最后面（北端）为后宫，是皇帝与后妃的私密空间，非有特旨严禁入内，所以称为禁或禁中。西汉元帝时，为了避皇后之父的名讳，改禁为省，从此禁省通用，或称禁，或称省，或称禁中，或称省中。

显然，省，原本不是政府。

禁省成为政府机构，要拜汉武帝所赐。此人为了从宰相手里夺权，变官僚政治为皇权政治，发明了“一国两府”的政治体制：宫外以宰相为首组成“外朝”，宫内以大司马为魁组成“内朝”，内外共理朝政（详见《汉武的帝国》）。

毫无疑问，这是两套班子。

两套班子是早就有的。汉初，皇帝与宰相分工明确各得其所。皇帝是国家元首，宰相是政府首脑。宰相所处为府（相府），机构为曹；皇帝所处为宫（皇宫），机构为尚，分别叫尚衣、尚食、尚冠、尚席、尚浴、尚书。很清楚，六尚基本上都是管生活的，与相府之十三曹并不矛盾。

汉武帝却把这个制度破坏了。一方面，他从朝中选调能员担任尚书处理政务；另一方面，任命大司马主持工作参与密谋（西汉叫“领尚书事”，东汉叫“录尚书事”）。结果自然是大司马和尚书的意见变成国策，尚书也由秘书班子变成决策班子，相府反倒由决策机构变成了执行机构。

一国两府由此诞生，尚书的地位也从此改变。

不过，由大司马领导主持“尚书事”并不正规，领录尚书事也不是官衔，以人事代制度更非长远之计。于是，东汉光武帝刘秀便干脆建立尚书台，也叫台阁。从此，尚书不再是宫廷秘书或临时事务，而是正式的国家机关。

尚书事（事务）变成尚书台（机构）以后，一国两府就成了制度。但，一个国家，两个政府，可怎么办公呢？也很简单：宰相保留官职，政务交给台阁。换句话说，三公的相府徒有其名形同虚设，尚书的台阁才是真正的枢机。

因此，到曹魏黄初三年（222），尚书台便移出宫外，正儿八经地成为了中央政府。到西晋或刘宋，它又变成了尚书省。尚书台为什么能改名为尚书省？因为台和阁都是皇家建筑，只不过台在禁省之内，阁在宫城之中，所以台阁又叫台省。改台为省，不过是换了称呼而已。

中书省的来历也差不多。

汉武帝让尚书越权去管朝政，原来由尚书所做收发保管文件的工作，只好派给别人，这就是中书。但是，领导主持“尚书事”的大司马成为实际上的宰相之后，权倾朝野，炙手可热，皇帝又受不了。因此，汉宣帝刘询便效法他曾祖父武帝的办法，用中书去取代尚书，把大司马架空。

这当然是担任大司马的外戚不能接受的。所以到成帝建始四年（前 29），他们又把权力夺回尚书台。到曹魏时期，由于尚书台移到宫外，宫内不能没有秘书处，身边不能没有自己人，魏文帝曹丕便将秘书令改称为中书令，把官署设在宫中，叫“中书监”，晋以后叫“中书省”。

结果怎么样呢？

一如前例。宫禁之中的中书省，逐渐取代宫禁之外的尚书省成为决策机关，时人谓之“凤凰池”。一个官员，如果由中书令变成尚书令，是要被视为明升暗降的。

中书省成了事实上的宰相府，当然又不行，门下省便冒了出来。门下省的前身是侍中寺，曾与东寺和西寺合称“禁中三寺”，东汉末年改称侍中省，曹魏时与散骑省并为“禁中二省”。到东晋哀帝时二省合并，就是“门下省”。

门下省的本职工作，主要是负责皇帝的日常事务。但因设在内廷，近在帝侧，万机之事，无不预闻，又成为新的政府替代者。北朝的门下省长官，更是成为实际的宰相。

这就是三省的来历，重要性则没有一定之规，全凭皇帝高兴。不过，大体上是东汉重尚书，南朝重中书，北朝重门下。到隋唐则三省并重，一起成为中央政府。称谓也沿袭汉代尚书台旧例，称为台阁或台省。唐高宗时，又把尚书省叫中台，门下省叫东台，中书省叫西台。

当然，这时的门下省，早已移到宫外。

移出宫外的三省三足鼎立。中书和门下面对面，门下省在东，中书省在西，合称两省或北省。尚书省则位于承天门大街，在中书门下之南，又称南省或南宫。

三省当中，尚书省的级别最高，长官尚书令正二品，副长官左右仆射（读如夜）从二品。这当然因为尚书省出道最早又管事最多，直到隋代仍然是总揽一切的机关，高颎和杨素便是以左右仆射的身份成为隋的宰相。

尚书省的规模也最大，下辖六部二十四司。其中，吏部管官员，相当于组织部或人事部；户部管度支，相当于财政部兼民政部和商务部；礼部管祭祀和教育，相当于文化部兼教育部再加精神文明建设办公室；兵部管军政，相当于国防部；刑部管刑律，相当于公安部和司法部；工部管营造，相当于建设部兼交通部、农业部、水利部。

六部的长官都叫尚书，正三品。副长官都叫侍郎，正四品（吏部侍郎正四品上）。每个部下面还有四个司，司官都叫郎中，从五品上；副司官都叫员外郎，从六品上；其下为主事，从九品上。六部二十四司，每部第一司即为本司，比如吏部第一司为吏部司，户部第一司为户部司，等等。

这六个部，在尚书省分左右两边办公，两边各有一个分管领导和秘书长。吏、户、礼为左，兵、刑、工为右，领导和秘书长则分别为左右仆射和左右丞（正四品）。左右丞只负责协调具体事务，大事则必须向左右仆射请示汇报。

除分管领导和秘书长外，尚书省还有一个总办公厅，叫都省，也叫都堂。各部的办公厅，则叫部堂。六部尚书和侍郎，每天上午都要到都堂集中开会，下午再回本部办公。如果尚书要出席国务会议，就由侍郎主持工作。[7]

◎ 唐代三省六部、中央官制表

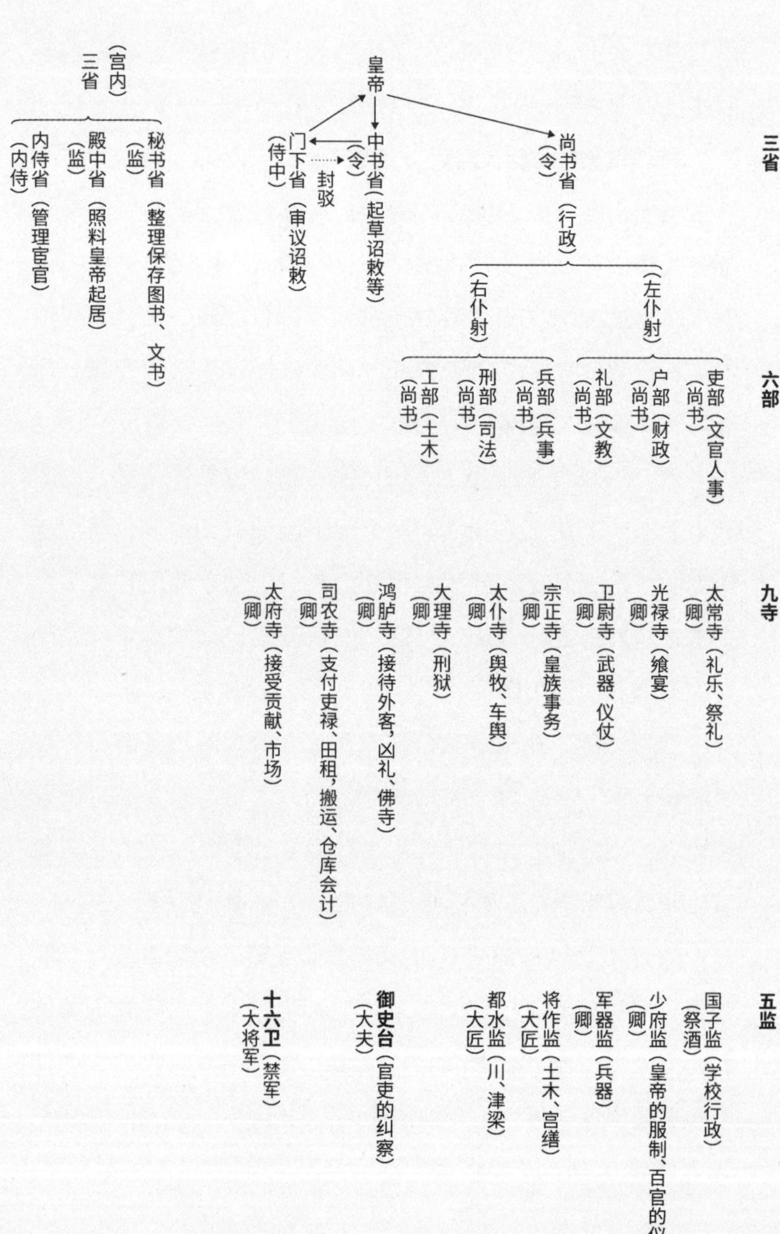

显然，这是一个严密而精致的体系，因此从隋唐到明清基本保持不变。六部的部数、部名、职能、排序、结构和官衔都没有变化，变化的只有官阶和权力。简单地说，官阶是清代最高，权力则明代最大，但这已是后话。[8]

明清两代六部位高权重，不仅因为经过隋唐和宋元四朝的实践，完全证明它是行之有效的行政制度，还因为朱元璋废除宰相制度以后，不再有中间环节。六部直属皇帝，共同组成中央政府，当然与隋唐不可同日而语。

不过，明清两代也只是名义上没有宰相。明的内阁和清的军机，其实是没有名分的宰相，或者说是不伦不类羞羞答答的半个宰相。这当然是皇权政治的胜利，但这种胜利是要付出代价的，代价就是帝国制度的彻底灭亡。

隋文帝和唐太宗当然想不到这一点。作为新兴力量的代言人，他们要做的事情是改变制度创造历史。事实上他们也这样做了，而且做得很漂亮。可以说，正是由于制度设计的合理和成功，他们才创造了世界性文明。

那么，隋唐政改的紧要之处又在哪里？

政事堂

要说隋唐，先得看汉。

汉代中央政府的组织制度是三公九卿。三公，在西汉是丞相、太尉和御史大夫，在东汉是太尉、司徒和司空，他们都是宰相。九卿则是九个或九个以上的部门负责人，相当于政府部长。三公有府，公府相当于三省；九卿有寺，卿寺相当于六部。隋唐政改，就是要以三省六部取代三公九卿。尽管为了这一天，魏晋南北朝准备了三百六十九年。

这就有了四个问题：第一，为什么要改？第二，改了哪些地方？第三，怎样改的？第四，效果如何？

先看六部和九卿。

表面上看，六部与九卿没有区别。九卿是政府部长，六部尚书也是。但，九卿的工作却是政务与事务不分。主管国家财政经济的大司农就是政务官，相当于户部尚书；负责皇帝出行的太仆则是事务官，管的还是皇家事务。

如此不清不楚，不该改革吗？

当然应该。

隋唐的办法，是政务全归六部，事务全归寺监。比如太常寺管祭祀，光禄寺管宴会，卫尉寺管器械，宗正寺管宗室等等。至于皇帝的饮食起居之类，交给殿中省和内侍省。事务与政务分类，皇家与国家分离，尚书省下属的六部成为纯粹的国家机关和职能部门，改革完全成功。

六部制一直延续下来，原因也在这里。

那么，三公又有什么问题？

权力太大。

按照汉初的制度，帝国的行政、军事和监察之权都掌握在三公手里。三公各自开府，独立办公。遇到大事则由三公会议，拿出方案再由皇帝批准。皇帝五日一朝，不过听取汇报表示可否，并不参与决策，简直就是橡皮图章。

这当然为强势皇帝如汉武等人所不能接受，这才有了内朝和外朝，有了尚书事和尚书台。可惜，帮助皇帝夺取了相权的，自己又成为新的宰相，皇帝也只好另起炉灶。结果是什么呢？尚书之后有中书，中书之后有门下，没完没了。

显然，必须有一个治本的办法。

三省制就是这样一个“一揽子”解决方案。说白了，就是将一个接一个从宫内走到宫外的省，全部正式变成取代公府的宰相机构，但不承认三省是相府，也不承认三省长官毋庸置疑地就是宰相。即便是，也要分割他们的相权。

这里面当然有一个过程。在隋代，尚书省的左右仆射都是被视为宰相的。唐代尚书省的长官却是尚书令。尚书令当然是宰相，可是没人敢当，因为唐太宗即位之前担任过这一职务。于是，尚书省就只有两个副长官，即左右仆射。左右仆射是不是宰相呢？对不起，要看情况。

什么情况？

是否有资格并实际上参加政事堂会议。

什么是政事堂？就是中书门下两省长官开会的地方。两省长官为什么要开会呢？因为分工不同。简单地说，中书省的任务是草拟法令，门下省的任务是进行审核。中书门下两省机关面对面，就是这个原因。

当然，他们也必须打交道。

事实上，法令的起草虽然归中书省，能否颁发却要看门下省。一种情况是中书省起草完毕加盖印章后，呈送皇帝签署，就形成诏书。另一种是文本形成后先送门下省，由门下省的长官侍中、副长官门下侍郎及其属官复核，没有问题才由皇帝“画敕颁下”（画一个敕字下达尚书省）。

但即便是第一种情况，皇帝签署后仍然要送门下省。没有门下省的副署，诏书仍然没有法律效力。中书省送到门下省的文件，如果门下省觉得有问题，更可以将原件涂改以后送回，叫“涂归”，也叫封驳、封还、驳还。[9]

也就是说，门下省不同意，中书省就无法作为。

这里面自有深刻意义（详后）。至少，唐人已经懂得执政也好立法也罢，必须讲程序，不能由着性子胡来。可惜这个制度似乎并未当真实行。为了讲效率，也因为怕麻烦，唐代的宰相们采取了一个变通的办法，即行文之前先开会。两省意见一致，再行文，就不会“封驳”了。

开会的地方，就叫“政事堂”。

政事堂起先在门下省，后来改在中书省，唐玄宗开元十一年（723）干脆改名为“中书门下”。中书门下的会议，两省的正副长官都参加，尚书省的负责人则或者参加或者不参加。所以在唐人的心目中，只有中书门下才是真宰相。所有的命令，也只有加盖“中书门下之印”才算合法。

那么，政事堂就是中央政府吗？

也是也不是。因为政事堂不是机关部门，只不过是个开会的地方，就像人民大会堂。尽管后来它也被称为“政府”（意思是政事堂之府），但那是开元十一年为政事堂设立了办事机构以后的事。唐玄宗以前，没人整天在那里办公。

参加政事堂会议的人数也没有一定之规，最多的时候十几个，最少的时候两三个。最尴尬的是尚书省的副长官左右仆射。他们的官阶比中书门下的正职还高（前者从二品，后者正三品，代宗时才升为正二品），但如果不加授“同中书门下平章事”头衔，就没有资格参加会议，也不是宰相。

相反，官阶较低的其他官员，如果加授“同中书门下三品”头衔，就可以参会，也是宰相。这就跟两汉不同。两汉的宰相就是三公。其中除丞相可能两人，其余都是一人，不会像唐代这样一群人当宰相，还人数不定，时多时少。

政事堂这个“中央政府”也没有总理，会议则只有一个轮值主席，叫“执政事笔”，也叫“执笔”。执笔由参加会议的人轮流担任，有时十天一轮，有时一天一换。显然，唐代只有“国务会议”和“国务委员”，没有“国务总理”，当然也没有“国务院”或“宰相府”。[10]

三省六部，大不同于三公九卿。

但，两种制度也有相同之处。

相同在于分割相权，只不过方式不同。两汉的办法是三权分列，丞相管行政，太尉管军事，御史大夫管监察。唐代的办法，则是相互制衡，中书管出令，门下管复核，尚书管执行。尚书有行政权无决策权；中书有决策权无审核权；门下虽有审核权，却既无行政权，更无决策权。

结果，谁都不能一家独大。

权力制衡的结果，是尚书省亏损最多。尤其是唐玄宗开元以后，左右仆射不再加授“同中书门下平章事”头衔，从此彻底退出宰相行列。与此同时，政事堂行文则改用中书门下之印，三省体制变成了中书门下体制。

直到这时，政事堂才由国务委员们的会议厅，变成了帝国政务的运作中心，多少有了“国务院”的意思。但，终有唐一代，都没有两汉相国或大司马那样的职务。权相李林甫和杨国忠的大权独揽，只是特例，不是制度。

因此，即便政事堂是中央政府，也是有政府无首脑。

这就为后来的政治体制变革留下了伏笔。宋代，三省合为政事堂，与管军事的枢密院、管财政的三司并列，构成所谓“二府三司”体系。元代，又废除尚书、门下两省，让中书省、枢密院与御史台成为三大并列机构。最后，中书省也被朱元璋撤消，宰相制度永远退出了历史舞台。

隋唐政改的意义，岂容小觑？

权力的制衡

表面上看，从两汉到明清，皇权政治与官僚政治一直在相互较量，相权也一直在被限制和削弱，其实并不尽然。真正取消相权是在明清，结果是明专制清独裁。两汉和宋元则更多地着眼于分工：汉是行政、军事和监察，宋是行政、军事和财政，元又回到行政、军事和监察。

这种方式，可谓“寓分权于分工”。

特殊的是隋唐。

隋唐更看重的是权力的制衡而非职责的分工，这一点唐太宗说得非常明确。他说，中书省起草的法令，门下省一定要认真审核，因为没有谁是绝对正确的。如果顾忌个人恩怨和脸面，做出民怨沸腾的错误决策，那就是亡国之政。[11]

无疑，这是清醒的认识。

更难得的，是还有制度的保证。

首先是逐步取消了尚书省的决策权。尚书省资格老，人员多，权力大，又是执行部门。如果参与决策，其实会有相当大的发言权。要知道，就连六部尚书，都与中书门下的长官平级（均为正三品），更不用说尚书令和仆射。他们参加政事堂会议，倘若从自己的部门利益出发，岂不麻烦？

也只有让他们靠边站。

这就把立法与执法、决策与行政分离开来。部门利益无法在决策层得到体现，中书门下可以放开手脚。但，没有执行部门的参与，中书门下的决策会不会脱离实际？起草法令的权力在中书省，谁能保证他们就不犯错误呢？

于是，又有了进一步的制度设计。

新制度的高明之处，是为中书和门下两省各自安排了至关重要的中级官员，即中书舍人和给事中（给读如几）。中书舍人隶属于中书省，定员六人。给事中隶属于门下省，定员四名。官阶都是正五品上，却秤砣虽小压千斤。

中书舍人为什么重要呢？因为他是文件的起草人。而且按照唐玄宗开元二年（714）宰相姚崇的改革方案，但凡遇到国家大事，中书舍人都要畅所欲言，写出各自的提案，并杂署其名（张三的名字签在李四的提案上，李四的名字签在王五的提案上），叫“五花判事”。[12]

这就是"匿名制"了。中书舍人既可以各抒己见，长官中书令和副长官中书侍郎，在审阅文件草案时也就能够不带成见，甚至能将不同意见一并向皇帝汇报。因此，除非故意捣乱或存心渎职，中书省起草的文件不至于太不靠谱。

何况还有门下省把关。

门下省的把关人除了长官侍中、副长官门下侍郎，还有给事中。给事中有封还权、涂改权和批驳权，哪怕皇帝的敕令也不例外。元和年间，给事中李藩就在唐宪宗的敕书上写过批语。当时有人说，你的意见怎么能写在圣旨上？李藩却回答：另外找张白纸写，那还叫批驳吗？[13]

给事中的分量，可见一斑。

毫无疑问，李藩胆敢在圣旨上写写画画，并不因为他是李藩，只因为他是给事中；给事中有分量，则又由于门下省有权力，包括审核权和副署权。审核权是针对中书省的，副署权却是针对皇帝的。没有门下省官员的副署，敕令就没有法律效力。因此，副署便成为制约皇权的有力武器。

魏徵就使用过这项权力。

武德九年（626）十二月，唐太宗听信封德彝的建议，要征点十八岁以下的男孩子当兵。当时他签署的敕令已经送到门下省，魏徵却死活不肯签字。结果，逼得李世民认真听取魏徵的意见，终于收回成命，从而避免了错误。[14]

唐太宗开创的新政治，其实是有制度保障的。

实际上给事中还有一个身份，那就是言官或谏官。言谏制度是秦汉就有的，最主要的官员是给事中和谏议大夫，合称给谏。其下则唐有补阙、拾遗，宋有司谏、司言。他们也分左右，而且两代都是左在门下省，右在中书省。

给事中们的职责，是对皇帝的言行和朝廷的政令提出意见和批评。这就是言谏。监督政府和官员的则叫监察。监察制度也是秦汉就有的。从秦汉到明清，中央的监察官员都叫御史，监察机关则西汉叫御史府，东汉以后叫御史台，明清两代叫都察院。所以，监察官员也叫台官。

台官与谏官合在一起，就叫台谏，也叫台垣，因为监察机关叫宪台，言谏机关叫谏垣。监察和言谏，有时也会联合办公。比如给事中，就有权与侍御史和中书舍人组成合议庭受理冤假错案，叫“三司受事”，也叫“三司详决”。侍御史是御史台的官员，从六品下，官阶更低。然而包括宰相，都是其监督对象；甚至连皇帝，也都可以批评。

在这里，我们不难看出制度设计的用心，那就是权力的制衡。在这种制度下，没有谁的权力不受限制。中书省有匿名制，门下省有封驳权，言谏官员有批评权，监察官员有监察权，皇帝和宰相都不能为所欲为。而且，为了保证监督和批评有效，还规定言者无罪，一言不发反倒是渎职。

但，这里面还是有问题。

问题很明显：监督部门的权力那么大，会不会成为新的不可控力量？不会。因为垣官（言谏）只有批评权，没有决策权；台官（监察）也只有弹劾权，没有处分权，典型的君子动口不动手。何况台垣的规模也有限。御史台固然无法与尚书台相比，谏垣更是连一个像样的办公地点都没有。

然而高明之处也正在这里，因为言谏与监察的作用就像秤砣。秤砣叫权，秤杆叫衡。秤杆必须长，秤砣则要小。唯其如此，才能够权衡，也才能够制衡。

这就叫"以小制大"。

三省同样如此。三省中，唯独尚书省有都省。它是总办公厅，也是首脑机关。中书门下却既无都省，官阶也低，其正副长官跟六部尚书和侍郎是平级的。也就是说，中书门下其实是部，尚书才是省。然而中书门下却是宰相机关，尚书省则不过是执行部门，岂非也是"以小制大"？[15]

但，这还不是最重要的。

最重要的有三点。第一，三省都是由宫廷变成朝廷，所以叫省。三省官员也都由皇帝的秘书演变而来：尚书是政治秘书，中书是机要秘书，门下是生活秘书。然而三省从宫廷独立出来以后，却成为真正的政府部门，甚至部分地成为制衡皇权的力量，这是了不起的进步。

第二，汉代的三公九卿虽然也有机构（公府和卿寺），却是因人设庙，即先有宰相或三公，后有相府和公府。如果宰相没有获得开府的授权，他就没有府。太尉一职被汉武帝取消后，太尉府也就不复存在。所以，汉代的制度只能叫三公九卿，没有“三府九寺”的说法。

隋唐却是先有三省六部，然后再任命长官和次官，机构在前首长在后。这就是隋唐与两汉的根本区别：三公九卿是个人，三省六部是机构；汉代还是人治，隋唐才是官治，尽管官僚政治要到宋代才真正成熟。

第三，作为草创阶段，隋唐尽可能地实现了官僚政治与皇权政治的平衡。一方面，由于相权分散到三省，更兼中书门下相互制约，皇权便得到了加强；另一方面，因为宰相由个人变成了群体，反倒更有力量制衡皇权。唯其如此，君臣共治的理想才得以提出和实践，并延续到两宋。

这是既不同于两汉，也不同于魏晋南北朝的新政治。新政治当然要有新官僚，新的官员选拔制度也必将诞生。

我们知道，它就是科举。

科举

科举是中华帝国史上第三种官员选拔制度，前两种是两汉的察举和魏晋南北朝的荐举。荐举一般指大臣向皇帝推荐人才并负连带责任的制度，汉代就有，本书则用来特指魏晋南北朝的九品中正制。察举、荐举、科举，在中国古代都叫选举——选就是选择，举就是提拔。这样看来，现代政治生活中的选举就该叫票举或票选，只是选举的一种。[16]

那么，科举有什么独到之处？

先得来看察举和荐举。这两种选举方式，常常被学者混为一谈，其实区别十分明显。首先，察举的执行人是帝国的各级官员，从宰相到郡守均有考察推荐人才之义务。荐举的执行人却是多由豪门担任、名为“中正官”的专职官员，这才造就了“上品无寒门，下品无势族”的门阀政治。

其次，察举分科不分级，荐举分级不分科。察举将人才按照特长分成类别，比如才能卓异叫秀才，品行端正叫孝廉等等。这就是科目。荐举则将人才分为品级，从上上到下下一共九等，所以又叫“九品官人法”。

但，无论察举或荐举，都不考试。

或者说，只考察，不考试。

结果是什么呢？考察成了形式。东汉末年，举秀才，不识书；举孝廉，父别居。所谓人才，不少是假冒伪劣。汉灵帝则干脆明码实价买卖官爵，帝国也就灭亡。

南朝的情况也不佳。由于可以坐享其成，名门望族的子弟变得越来越腐朽无能。他们大事做不来，小事不肯做，尸位素餐玩忽职守，最后也连同王朝一起完蛋。

看表现，生冒牌货；讲门第，出寄生虫。不改革行吗？

当然不行。但，办法呢？

考试。

科举是一定要考试的。通过由国家统一组织的考试来选拔官员，是中国人的一大发明，可谓开现代公务员制度之先河。但，正因为史无前例，便需要探索。事实上，唐代科举并不完全看考卷，达官贵人和社会名流的推荐也能决定录取和排名。而且，由于推荐是公开的，反倒不容易作弊。[17]

比如徐凝和张祜（读如户）。

张祜和徐凝都是才子，也都是诗人。他们要争夺州考的第一名，便在杭州刺史白居易的宴会上吟诵自己的诗句。张祜的名句是：日月光先到，山河势尽来。徐凝则诵曰：千古长如白练飞，一条界破青山色。张祜愕然不能对，于是社会舆论便一致认为徐凝应该摘取头牌。[18]

然而中晚唐以后，世风日下，向考官推荐人才完全变成了营私舞弊，甚至仗势欺人。比如一个名叫裴思谦的，便公然拿着宦官头子仇士良的推荐信，闯进贡院（考试机关和考场）向礼部侍郎高锴要状元。仇士良是横行霸道连皇帝都害怕的人，高锴也只好说：别的名次行不行？

裴思谦答：上头说了，状元非裴秀才不可。

高锴无奈，低头说：那我总得见见他本人吧？

裴思谦又答：我就是裴思谦。[19]

这实在太不像话。因此宋以后就只认考试，明清两代更是考场如战场，从上到下严防死守。一旦发现通风报信、泄漏考题、买通关节、冒名顶替等舞弊行为，不知会掀起多大的风浪，也不知会有多少颗人头落地。

毫无疑问，坚持考试和只以考试为依据是有道理的。实际上同为选拔官员，科举与其他方式的本质区别就在十六个字：设立科目，统一考试，公平竞争，择优录取。唯其如此，它才能排除各种干扰，直奔为帝国选拔人才的主题而去。

因此，它还有一个配套政策。

配套政策就是考生资格的认定。第一种是生徒，也就是国学、州学和县学的学生。由于上学有名额，所以生徒也叫生员，正如官僚有定员而叫官员。第二种叫乡贡，也就是并非生徒的其他读书人，只要符合一定的政治和身体条件，就可以向州县报名，由州县推荐参加尚书省的考试。

这就是海纳百川了。更重要的是，它意味着帝国政府在最大限度上开放门户，门第身份变得不再重要，因此大受庶族地主知识分子的欢迎。同时，它也意味着读书人有了自我推荐的可能性，因此也有学者将科举称为“自举”。[20]

自举，也是了不起的进步。

参加尚书省考试的生徒和乡贡，在唐代都叫举人，也叫举子。如果是常规的科举考试，他们必须在头一年的十月向尚书省报到，验明正身，次年正月参加考试（地点前期在尚书省都堂，后期在礼部贡院），放榜则大约在二月份。

当然，这只是指一般情况。

那么，科举都考些什么？

唐代是分科的。第一科叫秀才，考方略策，成绩以文理的优劣分为四等。这是非常难考的科目，而且秀才科的举子如果全部落第，州的长官就要受处分。结果是此科因渐渐无人报名而被废弃，秀才也在明清变成了生员的代名词。

容易考的是明经，比秀才容易比明经难的是进士。明经和进士都是考试科目，而且进士科是隋炀帝发明的，目的则是打破士族垄断经学的限制，向庶族地主敞开大门。因此学术界往往将隋炀帝设进士科，视为科举制度之始。[21]

事实证明，进士科设计正确。明经科考儒家经典，进士科考时务策。前者只要死记硬背，后者却要真才实学，难怪当时便有“三十老明经，五十少进士”的说法。[22]

然而唐人对进士科却是趋之若鹜，因为进士科的时务策比秀才科的方略策好考（不必在通晓时事的同时还要引经据典提出对策），录取比例却只有百分之一二。因此进士及第就是既有可能又有面子的事，岂能没有吸引力？

何况进士前程远大，是高级官员的候选人。当然，按照唐代制度，通过了礼部的考试只是及第，吏部还要再考。通过吏部考试获得“春关”以后，才可以“持证上岗”正式成为官员。但那飞黄腾达，已是指日可待。

因此及第的进士万众瞩目，他们自己也志得意满。除了用泥金帖子向家人报喜，拜谢考官参谒宰相，出席名目繁多不计其数的各种宴会，最开心的事情就是杏园探花。唐人以杏花为科举的吉祥物，因此每每指派及第进士中最少年英俊的两个人为探花郎，骑马巡街探访名花。探花在明清成为状元和榜眼之后一甲第三名的通称，来历就在这里。[23]

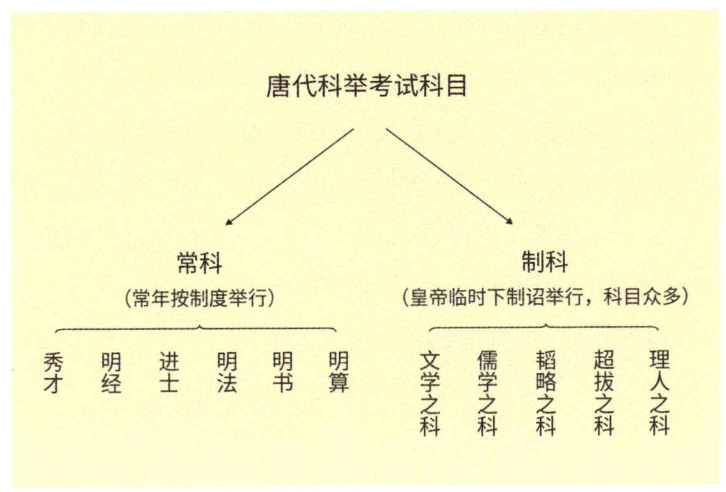

长安城的花街柳巷，当然也对这些新贵敞开大门（同时收费也加倍）。于是莺歌燕舞之时，传杯换盏之际，偎红倚翠之中，一个新的官僚集团和社会阶层便悄然诞生。

这一切，后来被唐代诗人孟郊概括为两行名句：春风得意马蹄疾，一日看尽长安花。[24]

至于那些落第的举子，除看破红尘和财力不支者外，大约也只能年复一年地继续考下去。这对于他们个人自然是不幸，对于帝国却是大幸。因为这些有可能成为不安定因素的读书人，或者已经为其所用，或者只能在考场蹉跎岁月，根本成不了气候。难怪一位名叫赵嘏（读如古）的唐代诗人会这样道破天机：太宗皇帝真长策，赚得英雄尽白头。[25]

实际上唐太宗恐怕也正是这么想的。据说，他曾在一次放榜时悄悄来到端门，看着新科进士一个个从榜下走过，心中窃喜的他不禁脱口而出：天下英雄入吾彀中矣！[26]

彀读如够，圈套或牢笼的意思。

唐太宗当然可以得意。因为不仅天下英雄，就连五湖四海蛮夷戎狄，差不多也都入了他的彀中。

比如西域，比如吐蕃。

第四章
混血王朝

大唐上流社会的人们，
流连忘返于作为国际贸易中心的长安西市，
纸醉金迷于胡人开设的高档会所，
那里不但有好听的龟兹乐，好喝的葡萄酒，
更有如花似玉的胡姬充当陪酒女郎。

异类帝国

唐宣宗大中年间，有个名叫李彦升的人在长安参加考试进士及第 。这时，距离隋炀帝设置进士科已经将近两个半世纪，照理说实在要算稀松平常。之所以至今仍被提及，只因为这位李彦升进士其实是阿拉伯（大食）人。

这并不奇怪。

事实上，隋和唐都是世界帝国、混血王朝，长安城里正可谓满街都是胡人。比如在玄武门之变中力挺李世民的尉迟敬德，就是于阗国的王族之后。于阗在今新疆维吾尔自治区的和田市，尉迟家族应当是早已汉化的胡人。

把大唐王朝闹得天翻地覆的安禄山也是。据说，此人可能有中亚伊斯兰民族的血统，是康国人，本姓康。姓安，是因为从了养父安波偃。这样算，他又是安国人。[1]

安国在哪里呢？在今天的乌兹别克斯坦布哈拉。康国又在哪里呢？也在乌兹别克斯坦，国都在今撒马尔罕。据说两国的国王本是同族，都是粟特人（Sugda）。但到安禄山这一代，恐怕早就不是什么纯种，何况他的母亲还是突厥，因此《旧唐书》干脆称他为“杂种胡人”。[2]

其实这样的种族偏见毫无意义。因为杨隋和李唐，连同隋之前的北周也是混血，宇文周、杨隋和李唐王朝的三个皇族也都有血缘关系，而且都与一个胡人有关。

这个胡人叫独孤信。

独孤信可以算是历史上最会嫁女儿的人。他的大女儿嫁给了宇文泰的儿子北周明帝宇文毓，四女儿嫁给了唐高祖李渊的父亲李昞（读如柄），七女儿嫁给了隋文帝杨坚。三个王朝都是他们家女婿的，如此岳父大人可谓空前绝后。

然而独孤信的民族归属却是问题。有人说他是匈奴，有人说他是鲜卑，也有学者说他是突厥。唯一可以肯定的，是他的家族与北魏同时兴起，先祖叫伏留屯，是北方游牧民族的酋长。独孤信本人，则是宇文集团的大佬。[3]

作为胡人或混血儿的独孤信英俊潇洒，军中称他为“独孤郎”，意思是“独孤小帅哥”，就像孙策和周瑜被称为孙郎和周郎。某次，独孤信狩猎归来驰马入城，无意中帽子被风吹歪，结果第二天满城都像他那样歪戴着帽子。[4]

这是北周的周瑜。

将门出虎女，独孤信的女儿也不简单。尤其是杨坚的独孤皇后，居然让他的五个儿子都是嫡出。因为独孤皇后十四岁出嫁时，杨坚便向她保证不跟别的女人生孩子。有了这柄尚方宝剑，独孤皇后毫不犹豫地使自己成为一夫一妻观念身体力行的维护者，并不惜杀了与丈夫有染的女孩。

此事发生在独孤皇后将近五十岁的时候，皇帝陛下的心情也可想而知。据正史记载，满腔悲愤的隋文帝只身一人骑马冲出宫苑，不问路径闯入山谷二十多里，吓得宰相高颎和杨素一路追来，拦在马前苦苦相求才把他劝回宫中。也就在这时，杨坚说了那句名言：朕贵为天子而不得自由！[5]

人在江湖，身不由己，皇帝也一样。

实际上独孤皇后堪称隋文帝的贤内助。她本人虽然有很强的执政能力，事实上也纠正了杨坚的不少错误决策，却决不允许自己的家族掌握大权，更不为他们牟取私利或谋求法外开恩。有一次，隋文帝打算宽恕她的一个犯了死罪的母系亲属，皇后的回答是：国家之事，焉可顾私？

这事很可能让她的亲戚们不满，另一个母系亲属竟然使用巫术来对她进行诅咒。案发之后，独孤皇后绝食三天向皇帝求情。她说，此人毒害的如果是百姓，当然罪该万死。既然诅咒的只是妾身，那就请陛下网开一面。[6]

独孤皇后岂非女中豪杰?

当然。

并且，我们还可以强调一下：这位独孤皇后正是李渊的亲姨妈。此外，唐高祖的窦皇后，唐太宗的长孙皇后，也都是鲜卑人。长孙皇后祖上姓拓跋，因为担任宗室之长而改姓长孙，窦皇后的舅舅则是赫赫有名的北周武帝宇文邕。可以说，隋唐两代的皇族早就世代混血，胡汉不分。[7]

也许，正是由于这个原因，隋唐成了异类。

我们知道，中华帝国主要有三种类型。第一种是华夏民族建立的，比如秦、汉、宋、明。尽管宋人和明人已非纯种汉族，也尽管就连两汉的汉人也早已混血，但在文化心理上却有着自己的身份认同，即自认为是华夏，是汉人。

这一类，不妨称之为“华夏王朝”。

另外两类政权则是由其他民族建立的，其中一类叫渗透王朝(Dynasties of Infiltration)，另一类叫征服王朝(Dynasties of Conquest)。前者有五胡和北魏，后者有元和清。由渗透而转向征服，是中华史上的重要变化。[8]

隋唐却既不是作为少数民族渗透到华夏，也不是作为征服者而入主中原。他们的统治者是混血儿，却又以华夏正宗自居。大唐天子更是兼具双重身份，对内是唐皇帝，对外是天可汗，对周边民族的态度则既开放又兼容。

这就恐怕只能叫混血王朝（Dynasties of Hybrid）。[9]

混血王朝的建立对中华民族意义重大。我们知道，华夏民族的传统观念，历来是“非我族类，其心必异”。然而混血之后，究竟谁“非我族类”便很难说清，原本就有胡人血统的李唐王朝更不会去刻意区分。再加上唐太宗志向高远气度恢宏，一种新的民族政策便在贞观年间诞生。

政策虽新，伎俩却是老的，即恩威并施。只不过，汉武帝更喜欢诉诸武力，唐太宗则尽可能施惠施恩。比方说，下嫁公主宗女，开放边境贸易，招募外族豪酋到朝廷任职，鼓励戎狄子弟到中国留学。而且，对外族人在任命、赏罚、安置和抚恤诸方面，都与大唐子民一视同仁。

但，最重要的还是羁縻（读如基迷）。

什么是羁縻？羁是马笼头，縻是牛缰绳，羁縻其实就是放风筝。具体做法，是在归属了大唐的边疆少数民族地区设置地方行政单位，大的叫都督府，中的叫州，小的叫县，分别叫羁縻府、羁縻州、羁縻县，简称羁縻州。府的都督和州的刺史，则由当地原来的那些可汗或酋长担任。[10]

不过，接受了帝国任命的豪酋必须放弃可汗称号，羁縻州之上也还要再设由汉人任长官的都护府，代表帝国中央行使主权。这就等于把周边大大小小的汗国和部落，统统变成了大唐的郡县，山大王般的异族首领们能愿意吗？

愿意。因为这一政策，是在东突厥战败后大规模普遍实行的。而且，与普通州县不同，羁縻州的长官可以世袭。原来的部众仍然由他们统治，所收赋税也原则上自行支配，生活习惯和宗教信仰更是一如既往，大唐反倒还要负责保证其安全。这对于战败国和附庸国，已是很开明的专制。[11]

开明总比残暴好，羁縻政策也大获成功。这是很能让唐太宗志得意满的。贞观二十一年（647）五月，他在翠微殿发表讲话，内容之一就是：贵中华贱夷狄由来已久，只有朕爱之如一，因此各族人民都视朕为父母。[12]

这倒不完全是太宗皇帝自吹自擂，心悦诚服称其为“华夷父母”者确实大有人在。毕竟，李世民的祖母、母亲和妻子都不是汉人，他的“爱之如一”也未必就是虚情假意和政治谋略，尽管一团和气的背后难免刀光剑影。[13]

但，民族团结的局面毕竟形成，文化交流的通道也已经打开，海纳百川兼收并蓄的大唐注定将会异彩纷呈。

那就先看西北。

西域情

我国的大西北有三座山脉。南面是昆仑山，北面是阿尔泰山，横卧在两山之间的天山山脉则把新疆维吾尔自治区天然地分为南疆、北疆和东疆，它们在古代都叫西域。[14]

西域原本是一个宽泛的概念，大约自阳关（在今甘肃敦煌）和玉门关（在今甘肃玉门）以西都是，最远可到伊朗高原，最近也要到葱岭（帕米尔高原）。本书所指，主要为狭义的西域，即葱岭以东的汉唐西北疆域。[15]

那是一个美丽的地方。

的确，西域是得天独厚的，气候变化之前更是如此。天山之北有辽阔的牧场，之南有肥沃的绿洲，山上则大面积覆盖着原始森林。准噶尔兮大漠横，塔里木兮冰河冷，吐鲁番兮风景胜。这是各族人民繁衍生息的家园。

生活在西域的应该有许多民族，他们使用的语言更是五花八门，既有阿尔泰语系的突厥语，也有印欧语系的伊朗语和印度语，比如西徐亚语（Scythian）、粟特语（Sogdian）和吐火罗语（Tocharian）。不难想象，戴着尖帽子操伊朗语的塞种人（Saka）从伊犁河边走过，或最早获得中原养蚕技术的于阗在南疆的绿洲建国时，会是一种什么样的景象。

西域，是风情万种的国土。

◎ 胡旋舞石刻墓门

宁夏盐池县苏步井乡窨子梁唐墓出土。门均呈长方形，出土时有铁锁锁扣，每扇石门正中浅雕一个胡旋舞男子。

风情万种的西域人民创造了璀璨的文化，更表现出面向世界的宽阔胸襟。在这里，梵文经典跟在恒河两岸一样受到尊崇，亚历山大时期的肖像画法也得到了复活，深受希腊和印度影响的雕塑和壁画洋溢着浓浓的异国情调，波斯或罗马风格的工艺品则在阳光下熠熠生辉。[16]

所有这些，都和胡旋舞、葡萄酒、玻璃杯一起传入了中国。当然，是伴随着丝绸之路上那延绵不绝的驼铃。[17]

没错，西域是东西方文化的交汇点。

江山如此多娇，引无数英雄竞折腰。尤其是位于吐鲁番盆地，从而变成西域门户的高昌国，更是没有争议地成为大唐和西突厥的争夺对象。因为谁都清楚，控制了此地，即控制了丝绸之路。明白了这一点，我们就不难理解高昌王为什么会自以为是地把自己看作了可居的奇货。

其实，他完全可以另作选择。

高昌是在胡人之车师前国故地建国的，国王应该是胡化的汉人，同时也是佛教徒。公元629年，玄奘法师去西天取经途经高昌，受到了国王隆重的接待。而且就在第二年，也就是唐太宗成为天可汗那年，这位国王归顺了大唐。[18]

对此，西突厥当然不能坐视不管，示好的信息也向高昌王频频发出。高昌王则只是看见了西突厥的嫣然一笑，便愚蠢地以为自己不可一世，有恃无恐地跟大唐翻了脸。

毫无疑问，作为夹在两个强国之间的小邦，高昌不能不设法自保。因此他们的正确做法，是与大唐和突厥都维持睦邻友好关系。如果更聪明一点，则不妨把自己变成丝绸之路上坐收渔利的中间商，甚至调解双方纠纷的和平使者。

可惜，高昌王利令智昏。他不但一屁股坐在了西突厥的那一边，还干起了拦路打劫的勾当。前往长安的西域各国使节被他任意扣留，归属了大唐的伊吾（在今新疆哈密）也遭到他的威胁。看来此人虽然虔诚地听玄奘法师讲了一个月的佛经，却并没有悟得无上正等正觉。

唐太宗当然不能容忍。贞观十三年（639），他力排众议派遣大军征讨高昌。消息传来，高昌王嗤之以鼻。因为从长安到高昌，不但路途遥远，而且千难万险。仅仅其中两千里流沙覆盖的地段，便足以让大唐军队望而却步。

因此在高昌王看来，他至少也能以逸待劳。

不幸的是他又打错了算盘。第二年，由汉、东突厥和铁勒部族混编的唐军长驱直入，猝不及防的高昌王惊恐万状呜呼哀哉，信誓旦旦与高昌国共存亡的西突厥协防部队则闻风丧胆星夜撤离。此时此刻，正如一首民谣所言：高昌兵马如霜雪，汉家兵马如日月。日月照霜雪，回首自消灭。

高昌只能亡国。

据说，唐军兵临城下时，继位的新高昌王原本是还想周旋一番的。这个年轻人亲自来到大唐军营，声称与大唐交恶是先王之事，态度简慢地希望唐军放他一马。唐军的一个将领却拍案而起：跟这小屁孩啰唆什么，攻城要紧！

年轻的国王吓得汗如雨下匍匐在地。这个“小屁孩”被作为战俘带回长安，献在了太宗皇帝的丹墀之下。就连他的一把镶嵌着宝石的战刀，也被赐给了随军作战的东突厥将领阿史那社尔，以奖励此人在胜利之时的秋毫无犯。

此后，尽管魏徵反对，亡国的高昌还是被太宗皇帝改成了大唐的一个州，名叫西州。从西突厥手中夺得的可汗浮图城（在今新疆吉木萨尔县）也一样，名叫庭州。管辖西域的安西都护府，则建在了车师前国的交河故城。[19]

初战告捷，大唐一发而不可收拾。

贞观十八年（644），高昌之西的焉耆被灭。焉耆在博斯腾湖西北岸，国都即今新疆焉耆回族自治县。他们与高昌原本是宿敌，却在高昌被灭后倒向了西突厥。看来西突厥的外交手段非同一般，唐王朝的军事力量则让人生畏。

焉耆的反水让长安方面有了讨伐他们的充分理由，事态的变化则完全在太宗皇帝的计划之中。据说，李世民甚至算准了焉耆灭亡的具体日子。正史记载，当他对侍从宣布自己的测算时，前方的捷报居然如期而至。[20]

下一个目标，是龟兹。

龟兹读如秋慈，国都在今新疆库车县，是丝绸之路上最为迷人的绿洲。我们只要举三个例子，就能证明这个文明古国的非同凡响：风靡天下的龟兹乐舞，堪比敦煌莫高窟的佛教石窟，与玄奘齐名的佛经翻译家鸠摩罗什。此外，龟兹还是古印欧语在东方分布最远点的标志性地名。

决心控制整个北亚的唐太宗，当然不会放过龟兹。

担任统帅的正是那位东突厥王子阿史那社尔，副手则有铁勒将领契苾何力（苾读如必）、安西都护郭孝恪等。他们的到来让龟兹国王大吃一惊。因为按照常理，敌人应该来自东南方向，谁想到他们竟然从西北翻过了天山呢？[21]

后面的故事并无太多悬念。英勇善战的龟兹武士被假装败退的唐军诱入沙漠一举歼灭，王城及国王退守的拨换城（今新疆阿克苏）也相继被攻破，龟兹王被俘。其壮观场面，据说在库车克孜尔石窟壁画中有生动的描绘。[22]

一个文明古国，就此落下帷幕。

龟兹的灭亡让整个西域大为震惊。结果，没有再耗费太宗皇帝的一兵一卒，另外两个与龟兹面积大致相当的王国于阗和疏勒（今新疆喀什）便半自动地归顺了大唐。为了巩固胜利成果，帝国设置了龟兹、疏勒、于阗、碎叶（在今吉尔吉斯斯坦托马克）四个军区，合称“安西四镇”。

公元 657 年，也就是唐高宗显庆二年，大将苏定方率领远征军对西突厥发起总攻击。在强大的攻势面前，西突厥很快就溃不成军。他们的可汗逃到石国（国都在今乌兹别克斯坦塔什干），却被石国人活捉了献给唐军。从此，西突厥树倒猢狲散，并在唐玄宗天宝元年（742）彻底灭亡。

也就在这一年，大唐达到了极盛。

玄奘法师则在焉耆被灭的第二年回国。为了履行和高昌王再见一面的承诺，他放弃了便捷的海道从原路返回，却在途中听说了高昌国的遭遇。慈悲为怀的法师只好擦干眼泪望空遥拜，然后直接从于阗回到长安。

剩下的故事，就只能留给羌笛和杨柳了。

吐蕃义

高昌亡国的第二年，文成公主走进了青藏高原。

青藏高原是平均海拔四千多米的世界屋脊，也是世人眼里遥不可及的神秘世界。在那里，喜马拉雅巍然屹立，雅鲁藏布奔腾不息，纳木错和羊卓雍错湖水清澈。当格桑花漫山遍野盛开的时候，一个民族和王朝在雅砻河谷勃然兴起。[23]

他们的名字叫吐蕃（读如播）。[24]

吐蕃王朝的建立大约与李唐同时。公元七世纪初，王朝的建立者用武力降服了古代羌人的苏毗（毗读如皮，苏毗在今西藏北部及青海省西南部）和羊同(即象雄，在今西藏北部)诸部落，并将自己的首邑迁到了逻些（今西藏拉萨）。一个神奇的王国，从此屹立在雪域高原。[25]

迁都的人叫松赞干布。

松赞干布的身份是赞普，即吐蕃王。在吐蕃语中，赞的意思是雄强，普的意思是汉子，干布的意思是深沉，松赞则是他自己的名字。因此，松赞干布赞普这个称谓，翻译过来就是：深沉的松赞，雄强的汉子，吐蕃人民的王。[26]

这是吐蕃历史的真正缔造者。事实上在他之前，恐怕很少会有人知道这个民族的存在。是啊，彪悍的突厥，优雅的龟兹，近处的高丽，远方的波斯，个个都更加吸引中华的目光和注意力。吐蕃？对不起，闻所未闻。

不过，松赞干布很快就让世人刮目相看。

事情是由求婚引起的。我们知道，从汉高祖开始，中华帝国就有“和亲”的传统，唐太宗即位之后更是大力推行这一政策，嫁给外族豪酋的公主和宗女不知凡几，那位英勇善战的突厥王子阿史那社尔便娶了李世民的皇妹。松赞干布听说有这种事，便认为自己也应该同享这样的荣耀。

不幸的是，太宗皇帝低估了吐蕃的战斗力和侵略性。他草率地拒绝了松赞干布的请求，而且让赞普的使者认为自己受到了怠慢。深沉的松赞决定给大唐一点颜色看看，只不过他的兵锋却是指向吐谷浑（谷读如欲）的。

这件事意味深长。

吐谷浑是鲜卑慕容部的政权，位于今天的青海、甘南和川北一带，建国于西晋时期。吐谷浑建国后，中华大地虽有连年的战乱，这个王国却远离风暴中心，在各种强大势力的夹缝中生存下来，一直存活到大唐贞观年间。

那么，松赞干布为什么要打吐谷浑？

表面上的原因是吐蕃使者的一番话。这位使者回到拉萨以后向松赞干布哭诉：大唐对臣等原本礼遇甚隆。然而吐谷浑的使团一到，待遇马上就变了，答应的婚事也告吹。

但，事情真有那么简单吗？

当然不是。

看看时间表就知道。吐蕃出兵吐谷浑，是在贞观十一年或十二年。而在此前的贞观九年（635），大唐已经通过战争把吐谷浑变成了自己羁縻之下的傀儡。所以，吐蕃这次出兵就不仅是捏软柿子，也是打狗给主人看。

更重要的是，从柴达木盆地通往西域的交通要道正在吐谷浑境内，这可是连大唐也垂涎已久的，更何况吐谷浑的治下还有不少藏民。因此，吐蕃迟早要下手。他们最终在公元663年灭亡吐谷浑，就是证明。这一次，不过是小试牛刀。

如此一箭三雕，这位赞普确实深沉。

早已沦为大唐附庸的吐谷浑根本不是吐蕃的对手，只能狼狈逃窜到青海以北。松赞干布却打得兴起，顺手牵羊又征服了吐谷浑旁边的两个羌人部族——党项和白兰。

遗憾的是，大唐似乎仍未觉醒。

未来的女婿只好向他的准岳父宣战。贞观十二年（638）七月，松赞干布率军二十万屯兵大唐边镇松州（约在今四川阿坝藏族自治州）境内，扬言前来迎娶公主。这位求婚者甚至宣称，如果见不到公主，他只好带着厚重的聘礼继续大踏步前进，以表示自己的一番诚意。

这下子轮到唐太宗大跌眼镜了，他付出了沉重代价才把松赞干布赶出边境。不过，大唐皇帝也清醒地意识到，绝不能小看这可怕的邻居。因此，当松赞干布再次求婚时，唐太宗马上就表示同意，尽管嫁出的并不是他的亲女儿。

深沉的松赞也给足了太宗面子。他派出自己的得力助手大宰相禄东赞（噶尔·东赞）前往长安，用实实在在的巨款和厚礼表达对大唐公主的仰慕。精明能干的禄东赞也不辱使命，不卑不亢地与帝国君臣进行交涉。结果是太宗皇帝对他另眼相看，希望这位使节娶皇族的女孩为妻。[27]

禄东赞礼貌地谢绝了皇帝陛下“买一送一”的好意。他回答说：臣在国内已有发妻，父母所聘岂能抛弃？何况我们赞普还没有见到公主，陪臣又岂敢先行一步？

皇帝闻言大为嘉许，同时也更加坚定了笼络的决心。于是唐太宗不管不顾，强制性地将自己姐姐的外孙女嫁给了禄东赞。这在帝国的和亲史上，恐怕是没有先例的。

答应松赞干布的婚事，当然更没问题。

贞观十五年（641）正月，文成公主进藏。

婚礼隆重而排场。大唐方面派出担任礼部尚书的一位王爷持节护送公主，并主持婚礼；松赞干布则从拉萨来到今天的青海省境内，在被他们吞并的吐谷浑故地亲迎殿下。他甚至在拉萨为文成公主专门修建了一座宫殿，自己则脱下藏袍换上唐装，完全是一副大唐皇帝好女婿的样子。[28]

现在看来，这钱花得值。

事实上，大唐与吐蕃的联姻为两地人民赢得了至少二十年的和平，两位君主也得以各忙各的。太宗皇帝成功地遏制了西突厥的进犯，并把西域各国收入囊中；松赞干布则将其扩张征服事业做到极致，还不失时机地教训了印度人。

更重要的，是文化交流。

据记载，文成公主进藏时，不但有释迦牟尼佛像和奇珍异宝、服装家具、烹饪食材等等作为嫁妆，更有携带着诗书礼乐、医疗器械、农具良种的学者、乐师、医生和工程技术人员，简直就是庞大的文化代表团和扶贫工作队。[29]

松赞干布也向大唐派去了留学生，他们多半是吐蕃的王室成员和豪酋子弟。不过，深沉的赞普并没有把自己吊死在大唐这一棵树上，反倒跟方方面面都保持平衡。他从尼泊尔迎娶了公主，从印度引进了文化。而且，也正是在松赞干布的时代，这个聪慧的民族创造了自己的文字。[30]

吐蕃和平崛起，尽管同时也伴随着武力。

毫无疑问，任何事情都有两面性，邻居的强盛对于大唐也未必总是福音。事实上吐蕃的后继者并没有松赞干布那么好说话。唐高宗咸亨元年（670），吐蕃与西突厥联手大举攻唐，先后攻陷于阗、疏勒和龟兹，安西四镇因此被废，太宗皇帝创下的家当被赔得一干二净。

吐蕃得手之后却没有就此住手。相反，安史之乱时，他们又乘势于唐代宗广德元年（763）占领长安，并将甘肃一带的陇右、河西等地区划归己有。之后，他们还占领了吐鲁番等战略要地，并把敦煌置于其治下六十年之久。

崛起的吐蕃终于成为让人头疼的地方。

结果，是有了大唐与吐蕃的两次会盟，用汉藏两种文字书写的和平纪念碑也至今仍然耸立在拉萨市。只不过，这时的唐蕃双方都已经开始走下坡路。到公元 9 世纪中，大唐的皇帝终于沦为宦官手中的傀儡，吐蕃王朝则在内乱中四分五裂彻底崩溃，往日的繁荣全都变成了美好的回忆。[31]

格桑花凋谢了，尽管它还会开放。

生意人回纥

与吐蕃在安史之乱后乘虚而入相反，有一个北方的少数民族在动乱中成了大唐的同盟军。至德二年（757），他们帮助唐肃宗收复了西京长安；宝应元年（762），他们又帮唐代宗收复了东京洛阳。当然，也有学者认为，这支部队其实应该算作雇佣军，而且要价之高与趁火打劫无异。但不管怎么说，这个民族曾经大显身手却毋庸置疑。[32]

是的，这里说的是回纥（Ouigours）。

回纥（读如何）原本是铁勒的一支，隋炀帝大业年间从西突厥泥撅处罗可汗的统治下独立出来，正式宣布其族名为回纥。唐德宗贞元四年（788），他们又行文大唐，宣布自己改称回鹘（读如胡），意思是回旋轻捷有如鹘鸟。[33]

没错，回纥确实善于周旋。

跟之前的匈奴和突厥一样，回纥起先也是游牧民族。不同的是，他们与中原地区基本上相处甚安。而且，尽管与突厥有着千丝万缕的种种关系，他们在历次战争中却都站在大唐一边。贞观四年（630），回纥助唐攻灭了东突厥；显庆二年（657），又助唐攻灭了西突厥。[34]

这样看，他们还真是大唐的同盟军。

不过，天底下从来就没有什么免费的午餐，回纥助唐也绝非行侠仗义。说白了，他们每次都是有利可图的。灭亡西突厥之后，东西突厥的土地就归了回纥。之后回纥推翻后突厥统治，大唐也投桃报李给予帮助。在此基础上，这个民族建立起自己的汗国，并得到了大唐的承认和册封。

大唐与回纥，不过互相利用。

相互利用的规律从来就是店大欺客，客大欺店。当大唐国破家亡两京沦陷时，有资格开价的便是回纥，名为各族人民之天可汗的大唐皇帝则只能忍气吞声委曲求全。

宁国公主就是这样嫁给回纥可汗的。

与文成公主不过宗室之女不同，宁国公主可是唐肃宗最为疼爱的亲生小女儿。临行之前，皇帝亲自设宴饯行，父女二人依依惜别，席间笼罩着生离死别的凄凉之情。最后还是公主含泪宽慰父皇：为了国家安危，女儿何辞一死！

肃宗皇帝潸然泪下。

回纥可汗却全无当年松赞干布的恭敬和感恩。他不但不出境亲迎，反倒身穿黄袍头戴胡帽，大大咧咧地坐在牙帐里接见护送公主的汉中王李瑀（读如禹）一行。

可汗问：王爷是天可汗的什么人？

李瑀答：大唐天子堂弟。

可汗又问：站在你上首的是谁？

李瑀答：宫中宦官某某。

可汗说：宦官是奴才，怎么能居王爷之上？

那个宦官吓得马上后退。

可汗又说：你们见了本汗，为什么不拜？

李瑀答：宁国公主是大唐天子亲女儿，可汗则是大唐天子亲女婿，岂有高踞胡床受此恩典之理？

回纥可汗这才起身受诏。[35]

不过李瑀的交涉只是为王朝挽回了面子，在实惠方面回纥却寸步不让。据正史记载，依照当年的约定，大唐帝国每年付给回纥的雇佣军酬金，仅仅绢帛就多达两万匹，这还不包括他们抢劫、勒索和以各种名义追加的。[36]

贪得无厌的回纥却还要强买强卖，价钱是一匹马换绢帛数十匹。有一次，回纥自说自话地将两万匹马运往大唐，开价绢帛五十万匹。大唐实在用不了这么多马，也实在拿不出那么多绢。经过反复交涉，才以半价成交了事。

奇怪，回纥索要如此之多的绢帛干什么呢？

利用天时地利大发横财。他们从唐帝国那里巧取豪夺来的绢帛，小部分成为回纥贵族的奢侈品，大部分经由回纥商人和粟特商人之手流入了西方。这些绢帛甚至跟波斯的银币和大唐的铜钱一样，成为当时商业贸易的通货。[37]

这并不奇怪。不要忘记，那条沟通东西方两个世界的商贸通道，可是被叫作丝绸之路的。何况绢帛既便于携带又价格高昂，西方人还趋之若鹜，迅速倒手当然红利可观。

回纥汗国财源滚滚。

与此同时，这个民族的社会性质也发生了变化。大批回纥人从游牧走向了定居和经商，过起了可以称之为“游牧都市生活”的日子。在汗国的全盛时期，他们位于鄂尔浑河（在今蒙古国境内）上游的汗庭金碧辉煌，城中鳞次栉比地矗立着宫殿和寺庙，也走动着各国的商人和僧侣。[38]

其中最引人注目的，应该是摩尼教的法师。

摩尼教（Manichaeism）是公元 3 世纪兴起于波斯的古老宗教，其教义简单地说就是相信光明终将战胜黑暗，因此又称明教。这种宗教大约是在公元 6 世纪到 7 世纪从陆路传入西域，又从西域传到回纥的。回纥人也迅速地放弃了他们原先信仰的萨满教（Shamanism），奉摩尼为国教。

这又是为什么呢？

正史的解释，是进入漠北传教的摩尼法师才高八斗，口若悬河，让回纥可汗和贵族为之倾倒。但，为什么摩尼教在其他地区的影响力却远不及在回纥呢？难道那些地方的传教士们都胸无点墨，笨嘴笨舌？讲不过去吧？[39]

显然，此说可疑。

可以作为反证的是中原的态度。总体上说，大唐皇帝和儒生们是不喜欢摩尼教的，唐玄宗就曾在开元二十年（732）明令严加禁断。只是由于回纥救驾有功，唐代宗才在大历三年（768）特批摩尼教建立寺庙，并赐额大云光明寺。但回纥汗国刚刚灭亡，它又马上成了被禁的邪教。[40]

那么，摩尼教在内地为什么会受冷遇？

原因当然很多。其中之一，恐怕是在许多人眼里，摩尼法师并不清心寡欲。他们进入长安后，最喜欢的就是在市场上出没，与商人们勾搭成奸，这哪里像是出家人？[41]

中国士大夫反感的，却很可能正是回纥喜欢的。这个民族似乎天生就有商业头脑，这才把自己从小小的部落经营成庞大的汗国，把他们的汗庭建设成一座国际色彩浓郁的游牧商贸都市，甚至在长安也刮起了逐利之风。[42]

难怪他们跟摩尼教一拍即合了。因为波斯原本就是商业帝国，长期在丝绸之路上充当中间商，摩尼法师在回纥传教时更有可能投其所好，跟他们大谈生意经。

回纥的道路，将注定与众不同。

唐武宗开成五年（840），已经改名为回鹘的汗国遭到突然袭击，国破城毁宣告灭亡。亡国的回鹘人却并没有退回到游牧时代，而是兵分三路继续挺进。其中一部分人南下融入了中华农耕文明；一部分人进入甘肃成为张掖的甘州回鹘和敦煌的沙州回鹘；更多的族民则迁到了新疆，与西域同族的原住民汇合成为西州回鹘或天山回鹘。

这是一个民族的凤凰涅槃。之前，他们已经有过一次华丽转身，从游牧民族变成了商贸民族。之后，则将定居于我国西北，成为裕固族和维吾尔族的先祖，或先祖之一。[43]

西迁回鹘的宗教信仰也发生了变化。甘南的裕固族信奉喇嘛教格鲁派（黄教），新疆的回鹘则在公元 10 世纪中建立的喀喇汗王朝时期全面接受了伊斯兰教。其实这丝毫都不奇怪。因为早期伊斯兰正是阿拉伯半岛上贝都因人创造的游牧商贸文明，也是回旋轻捷有如鹘鸟的。

只不过，这是后话。[44]

半盘胡化

灭亡回鹘的是黠戛斯。

黠戛斯（读如侠加斯）在名义上是铁勒的一支，实际上却是白种人。他们身材高大，头发火红，皮肤白皙，眼珠则是碧绿的。人类学家认为，这是条顿民族（Teuton）的体质特征。换言之，活跃在大唐帝国的还有日耳曼蛮族。

蛮族是能够改写历史的，黠戛斯也一样。

不过，黠戛斯把回鹘打得七零八落以后，自己居然也不知去向，直到蒙古人兴起之时才重返历史舞台。至于他们的后裔，在俄罗斯叫哥萨克（Cossack），是骁勇的骑兵；在中国则叫哈萨克（Kazak），是勤劳的牧民。

黠戛斯人进入中国的时间已不可考，只知道他们在汉代被称为坚昆。坚昆的习俗是：孩子生下来如果是黑头发，便会视为不祥；如果是黑眼珠，则被看作汉将李陵的后裔。可见他们其实早已混血，但又坚持白人的身份。[45]

其实黠戛斯人不必在意，因为混血是大趋势。

趋势在五胡十六国时期就开始了，到隋唐两代更是愈演愈烈。之前还只是通婚造成的种族变异，后来就从自然发展到了文化。胡人的生活方式影响到衣食住行方方面面，仿效胡人习俗则蔚然成风，甚至引领着时尚的潮流。

这就叫胡化，也叫胡风。

胡化是从长安波及全国的。这固然因为首都总是开风气之先，也因为那里聚集着大量的侨民。安史之乱后，回纥在长安的常住人口总在千人左右，冒充回纥的粟特人数又要加倍。贞观年间的突厥侨民更多达万户，至少占到当时长安总人口的三十分之一以上，数量可谓惊人。[46]

更重要的是，侨民当中不乏非富即贵的头面人物。波斯的王子，突厥的将军，吐蕃的使节，西域的高僧，粟特的大鳄，回纥的商人，是这个特殊群体的中坚和主流。他们在长安和洛阳买豪宅，建高楼，置田产，任要职，娶妻生子乐不思蜀，俨然中华帝国首都之一员。

与之交往的则是大唐的上流社会，包括皇亲国戚、达官贵人和文人墨客。他们流连忘返于作为国际贸易中心的长安西市，纸醉金迷于胡人开设的高档会所，乐此不疲地参加各种派对，因为那里不但有好听的龟兹乐，好看的胡旋舞，好喝的葡萄酒，更有如花似玉的胡姬充当陪酒女郎。

对此，诗人李白曾直言不讳：细雨春风花落时，挥鞭直就胡姬饮；落花踏尽游何处，笑入胡姬酒肆中。哈！难怪他会“天子呼来不上船，自称臣是酒中仙”了。[47]

名流带头，追星族岂会无动于衷？

何况胡人的生活方式也确实很够刺激。打马球展示着雄性的力量，着胡服则体现出女人的性感。前者是波斯人的发明，所以叫波罗球（polo）。后者的特点则是衣袖窄小剪裁贴身，尽可能地凸显女性的身材和曲线，其风采可以概括为这样两句诗：回鹘衣装回鹘马，就中偏称小腰身。[48]

呵呵，小蛮腰。

所有这些，都让长安少年的肾上腺受到刺激，荷尔蒙分泌增多。早就被李世民立为太子的李承乾，甚至一心一意要做突厥人。他不但说突厥话，穿突厥衣，还在东宫院内搭起帐篷竖起狼头旗，一本正经地扮演起突厥可汗来。

演出极其认真。李承乾找来一批长得像突厥的人，让他们披着羊皮编着辫子扮作突厥武士，自己则假装可汗死在了牙帐里，然后命令这些群众演员按照突厥习俗剺面流血号啕大哭，骑着马围绕牙帐默哀。直到这时，李承乾才忽地一下坐起来说：如果真能这样，岂不快哉！[49]

太子殿下如此，风气可想而知。

大唐的女人也不甘落伍，她们的服饰则始终如一地“崇洋媚外”——戴耳环是跟波斯人学的，叫步摇；搭披肩是跟印度人学的，叫巾帔（读如配）；发型是跟中亚人学的，叫髻堆；脸妆是跟吐蕃人学的，叫面赭。当然，她们绝不会只有一种装饰风格，但长安肯定是时尚的风向标。

她们的帽子更是与时俱进。唐高宗以前，女人帽檐有布帛下垂，长可过膝；后来就只有丝网，垂到脖子；再后来改戴胡帽，露出脸蛋；最后干脆不戴帽子，露髻出行。[50]

总之，大唐的女人是衣服越穿越小，身体越露越多，参加活动越来越频繁。她们甚至会身着男装骑着马去踏青或者打球。球场上，英姿飒爽的女人纵横驰骋娇声呐喊，围观的男人们则报之以一阵又一阵的叫好声。[51]

看来，大唐的男男女女都有了“胡心”。[52]

这当然有问题。因此，唐高宗咸亨二年（671），朝廷下令治理整顿，可惜收效甚微。这个混血王朝的臣民似乎已经拿定主意，要在文化上也变成混血儿。唯一的变化是随着吐蕃和回鹘的兴起，女人的妆扮改成了回鹘发型吐蕃脸，尽管她们被告知这绝不是一个中华儿女应有的模样。[53]

请问，这该算是半盘胡化呢，还是全盘？

姑且算半盘吧！

但即便只有半盘，也足以让大唐的世界五彩斑斓。也许很少有人能够想到，当时的长安已能吃到通行于中亚、印度和伊斯兰国家的抓饭，开元以后更是以胡食为时尚。长安城里“西餐厅”之多，恐怕不亚于今天的上海。[54]

当然，不可或缺的还有葡萄酒。

葡萄美酒夜光杯，欲饮琵琶马上催。葡萄酒与唐人的关系实在太密切。尽管它在汉魏就已经传入中国，自己酿造却是在征服高昌之后。太宗皇帝甚至亲任酿酒师，在原来配方的基础上加以改造，监制出了八个新的品种。[55]

这样的皇帝，也属罕见。

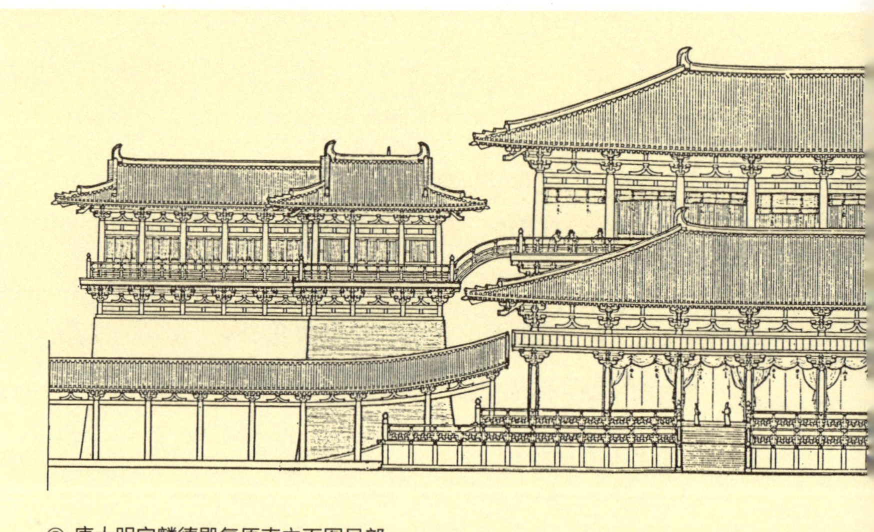

◎ 唐大明宫麟德殿复原南立面图局部

事实上唐代胡风之盛，与皇帝关系很大。有唐一代长安盛行打球，就因为唐太宗开风气之先。唐玄宗李隆基更是个中高手，曾经让吐蕃的球星自愧不如。此后的宣宗、僖宗都是球员，穆宗、敬宗都是球迷，打球岂能不成风气？[56]

此外还有建筑。

盛唐时期的建筑流行西亚的材料和风格，并且采用了在酷暑天降温的技术。设计师巧妙地让水从屋檐流下，形成水帘隔断室外的热浪，同时用流水推动风扇在室内送风，当然十分凉快。唐玄宗曾经在这种凉殿接待了一位爱提意见的言谏官员，结果该官员因着凉而腹泻，狼狈不堪。[57]

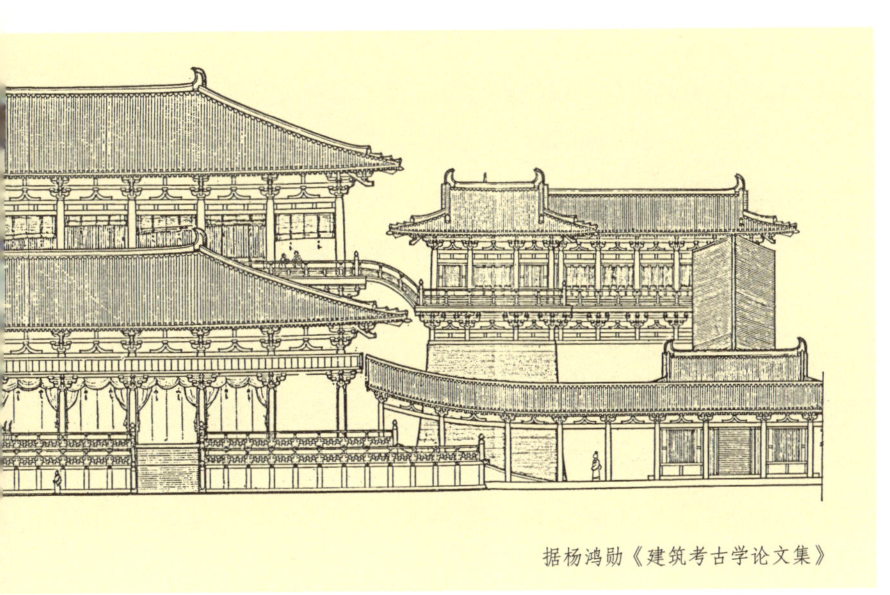

据杨鸿勋《建筑考古学论文集》

那么，这种技术又是哪个国家的？

东罗马帝国。[58]

呵呵，倒是不远万里。

实际上隋唐所谓胡，并非只指中国境内北方和西北的少数民族，更包括波斯人、印度人、阿拉伯人和罗马人。他们在两《唐书》中跟高昌、焉耆、龟兹、疏勒、于阗一样被看作西域的一部分，重要性仅次于突厥、回鹘和吐蕃。

也许，这是一种世界眼光。

世界眼光是隋唐特有的，因为他们都是混血王朝。自己是混血儿，就不会太在意别人的种族，尽管他们都以中华自居，都认为中华是世界的中心，还都雄心勃勃和自以为是地要把其他国家和民族纳入中华的体系。唐太宗甚至不无得意地说：朕提三尺龙泉一统四海，不比秦皇汉武差吧？[59]

当然。

事实上，秦汉文明虽然已经具有世界性，隋唐却更是世界性的超级大帝国，影响力之广远超其版图。唯一需要补充的是：大唐固然影响了世界，世界同样影响了大唐，影响是双向的。而且，我们能创造出世界性文明，也并非只有太宗和大唐之力，至少还有隋炀帝一份功劳。

第五章

世界帝国

靠着京杭大运河富庶起来的扬州，
最鲜明的标志是诗人、美女和波斯客。
后者在萨珊王朝灭亡后流寓中华，
他们无不腰缠万贯，
商埠之夜也注定纸醉金迷。

高句丽

公元 607 年，有一位名叫小野妹子的日本大使率团来到中国，向中国皇帝递交了国书。国书可能是执政的圣德太子起草的，但很明确地表达了他们的外交意愿——推古女皇和日本国希望能够与中华帝国平等交往。因此，国书开篇的问候语便是：日出处天子致书日没处天子无恙。

中国皇帝阅后大为不快。

不快简直就是毋庸置疑的。在中国皇帝看来，世界只有一个中心，那就是大中华；天下也只有一个天子，那就是他自己。天无二日，人无二君，什么时候又冒出另一个，还公然自称旭日东升，视我中华为日薄西山？万幸的是，中国皇帝并不知道当时的日皇是个女人，否则真要气晕过去。

即便如此，国书仍然成为一个事件。[1]

当然，这位中国皇帝也很清楚，自己对于远在天边的那蕞尔岛夷其实鞭长莫及，已经看过的国书也不方便再退还给来使，便只好吩咐鸿胪寺（外交部）官员：以后再遇到这种不识好歹不懂礼貌的蛮夷，不要让朕知道。

这位中国皇帝就是杨广。

然而在第二年的三月十八日，皇帝陛下还是很大度地接见了小野妹子一行，只不过让他们跟东南亚的赤土等国使节站在一起。四月，隋炀帝又派出十三人的使团，取道朝鲜半岛南部出使日本，带去了中华皇帝的亲切问候。[2]

小野妹子大喜过望。

不能确定隋炀帝当时是怎么想的。也许，他并没把日本太当回事。但更有可能的是，他是要把日本和朝鲜半岛的百济、新罗等国都变成统战对象，以远交近攻的策略对付高句丽（句读如勾，高句丽也写作高勾丽）。[3]

高句丽是大隋帝国的肉中刺。早在十年前，也就是开皇十八年（598）的六月，隋文帝就曾任命皇五子汉王杨琼为统帅，率领水陆两路三十万大军出征辽东，开启了隋唐两代多次讨伐高句丽的战端。结果，劳师远征的隋军得不偿失损失惨重，活着回来的人最多十之一二。

只有杨广因祸得福。征讨高句丽的失败被归咎于随军的宰相高颎，尽管高颎原本反对这次军事行动。然而正如本书

第一章所说，高颎的下台意味着帝国的大政方针发生了重大转变，皇太子也就顺理成章地由杨勇变成了杨广。

既然如此，杨广即位以后，当然要将关中本位政策调整为对外扩张征服世界的新路线，也一定会继承父皇的遗志讨伐高句丽，甚至不惜倾全国之力。结果，却是接二连三地惨遭失败，反隋的斗争则在反战的歌声中爆发。[4]

隋炀帝其实是栽在高句丽上的。

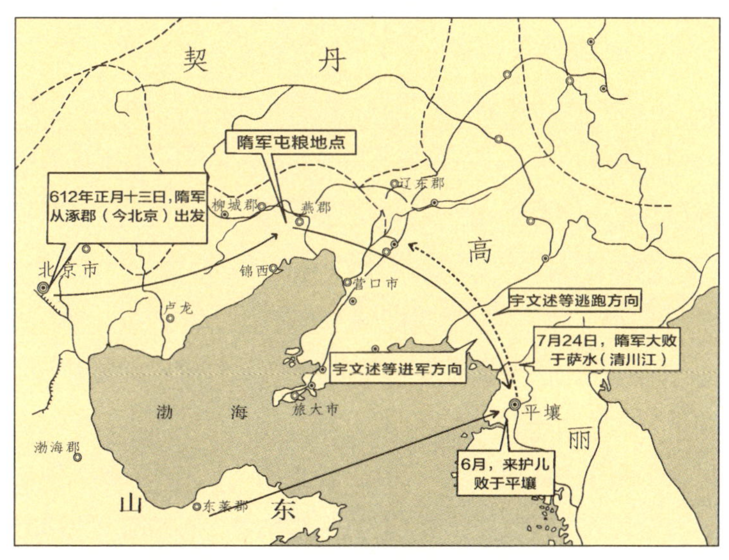

◎ 隋炀帝首次征高丽图

奇怪的是，即位后时时处处以隋为鉴的唐太宗，在高句丽问题上却与隋炀帝高度一致：一样的御驾亲征，一样的不听劝阻，一样的接连失败。唯一的区别，是唐太宗曾经表示过后悔。他说，如果魏徵还在，一定会拦住朕的。[5]

但是这又怎么样呢？说完这话，又继续东征了。高宗李治继位以后也是如此。直到总章元年（668）攻破平壤，彻底灭亡高句丽才算了事。也就是说，两朝四代中华皇帝都视高句丽为心腹之患，必欲灭之而后快，岂不怪哉？

这就必须先弄清楚什么是高句丽。

隋唐时期的高句丽，跟五代时期由王建在公元 918 年建立的高丽并不是一回事，尽管前者在历史上和正史中也被称为高丽，但那多半是一种习惯性的简称。实际上，一直要到大唐灭亡之后，高丽王朝才建国，那才真是高丽。[6]

所以，我们还是管前者叫高句丽为好。

高句丽人最早生活在我国东北地区，西汉末年建国时定都于今天的吉林省集安市，行政区划归属于玄菟郡，民族分类属于濊貊（读如畏陌）系统。魏晋南北朝时期，自强不息的高句丽人不断发展壮大，并在北魏拓跋焘和南朝刘义隆的时代迁都平壤，成为朝鲜半岛鼎立的三国之一。[7]

另外两国，是百济和新罗。

百济和新罗是朝鲜半岛南部韩人建立的国家。韩人最早分为三支：马韩、辰韩、弁韩，号称三韩。之后，马韩建立了百济，辰韩建立了新罗，弁韩建立了金官。这是朝鲜半岛南部最早的三国。高句丽南下之后，新罗也兼并了金官，朝鲜半岛鼎立的三国就变成了高句丽、百济和新罗。[8]

百济在西南，新罗在东南，高句丽在北。

三国当中，高句丽受中华影响最大，文明程度最高，综合国力最强，处境也最微妙。东边的日本，南边的新罗和百济，西边的南朝和北朝，北边的靺鞨（读如末合）、室韦、契丹和突厥，都不是什么好相处的邻居。当然，高句丽自己并不省油，他们对东亚地区的霸权也觊觎已久。

因此，中国南北对峙之时，朝鲜半岛同样热闹非凡。大体上说，是高句丽联合新罗，百济勾结日本，在半岛长时间问鼎逐鹿征伐不已，一如春秋战国时的中华。

这就不但要打军事战，也要打外交战。

于是，高句丽、新罗、百济和日本，都争相与中华建立各种关系，甚至同时向南北两朝示好。中国的南方和北方也都不但来者不拒，而且尽量阻止对方与他方往来。高句丽与新罗、百济、日本也一样，全都希望这种联盟关系能够具有排他性。两朝三国一倭，构成东亚波诡云谲的画面。

公平地说，这里面没有道德问题和正义与否。无论南朝北朝，还是半岛三国，都是受利益的驱动，打的也都是如意算盘，即都希望对方长期分裂，自己一统江山。

隋文帝灭陈，却把平衡打破了。

首先感到不安的是高句丽。作为好不容易才独立出来的发展中国家，他们清醒地意识到，跟一个统一而强大的帝国接壤，绝不会是一件值得庆幸的事情。如果对方还跟南边的新罗或百济联手，自己面临的就将是灭顶之灾。

利用中华帝国动荡分裂之机干他一票的时代过去了。腹背受敌的高句丽必须找到同盟军，救亡图存。

他们想到了东突厥。

大业三年（607）六月，隋炀帝巡幸塞北，高句丽的使者也到了那里。启民可汗不敢隐瞒，向皇帝如实汇报。隋炀帝立即警觉起来：高句丽如果当真联盟东突厥，再裹胁契丹和靺鞨之众，势必成为帝国头顶的达摩克利斯之剑。[9]

这颗定时炸弹必须排除。

明白了这一点，就不难理解隋炀帝为什么突然对“不懂礼貌”的日本使团转变了态度。事实上，小野妹子递交国书正在这一年，隋炀帝遣使回访则在第二年四月。而且，也就在得知高句丽的动向后，隋炀帝杀了高颎。[10]

什么都还没来得及做的高句丽，则铁定地成为中华帝国的眼中钉。公元668年，也就是新罗依靠大唐兼并百济的八年之后，高句丽也被大唐联合新罗而灭亡。这时，唐高宗已经因病休假不问政事，执掌朝政的是皇后武则天。

武则天就更不会含糊了，她什么时候心慈手软过？

在百济和高句丽灭亡之日，不知有没有人想到过他们的历史功绩。要知道，佛教就是先由前秦传入高句丽，又从高句丽传到新罗的。百济更是中日两国文化交流的通道。日本人学会使用汉字，后来又借此创造了平假名和片假名，就因为百济博士王仁把《论语》和《千字文》带到了日本。[11]

毫无疑问，两国的贡献远不止于此。可以说，没有百济和高句丽，就不会有以汉字为载体的东亚文明圈。我们不能以成败论英雄，也不该忘记他们。

高句丽和百济永垂不朽！

偷渡客

唐武宗开成四年（839）四月五日，有一艘驶往日本的船只在海州（今江苏连云港）靠岸。谁都没有想到，船上一位本应回国的日本僧人却带着三个随从偷偷下船，因为他做了一个大胆而鲁莽的决定：返回大唐，非法居留。

这位僧人就是圆仁法师。[12]

圆仁是日本佛教天台宗山门派的创始人，去世后被清和天皇谥为慈觉大师。他的法号在今天可谓如雷贯耳，但当时的他却只是跟随日本使团一起入唐的请益僧。请益僧跟学问僧一样，都是到大唐学习佛法的僧人。不同的是：学问僧享受留学生待遇，可以在大唐国内长期滞留；请益僧却只能随团而来随团而去，相当于签证期有限的访问学者。

寸金难买寸光阴，请益僧必须抓紧时间。

这倒也没什么。圆仁的老师最澄当年就是请益僧，同样功德圆满。最澄回国时，从临海龙兴寺带去《法华经》等章疏一百二十八部共三百四十五卷，还携回王羲之等名家碑帖拓本十七种，因此得以正式创立日本佛教天台宗。可惜，最澄未能像同船入唐的真言宗创始人空海法师那样，在长安学习正统密教，以至于成为日本天台宗的一块心病。[13]

圆仁赴唐，便希望能够弥补这个缺憾。

不幸的是，圆仁抵达扬州以后，就被当局限制在开元寺学习梵文，不得离开地界一步。他希望到老师访问过的天台宗圣地天台山参拜，也得不到支持和批准，更不用说前往长安深造了。圆仁此行的目的，一个都不能实现。

回国在即，他只好把自己变成偷渡客。

偷渡是有风险的。事实上圆仁下船以后，就被当地人识破身份，并被官府押回船上。但是圆仁没有放弃努力。六月七日，他搭乘的遣唐使船停靠赤山浦（今山东文登青宁乡赤山村），圆仁便在第二天又下了船。

幸运的是，他躲进了新罗人的寺院。

新罗很早就与中华有来往，成为朝鲜半岛的主人之后更是如此。儒家经典是新罗国学的考试科目，更有大批贵族子弟来到长安成为留学生。其中成绩卓异者如崔致远，十八岁就中了进士，其著作《桂苑笔耕集》甚至流传至今。[14]

两国之间的海上贸易也十分频繁。负责物流的商船往返于山东半岛、江苏沿海与朝鲜半岛、日本列岛之间，乘兴而来满载而归。这些商船运送货物也搭载旅客，圆仁搭乘的就是日本遣唐使雇用的新罗船，一共九艘。[15]

这确实很国际化。

与此同时，不少新罗人在中国沿海地区侨居下来，而且有了自己的定居点，叫新罗坊。圆仁第二次登陆的赤山浦就是新罗人的聚落，他藏身的赤山法华院也是新罗人修建的佛教寺院，建院的则是新罗侨领张保皋。[16]

张保皋非同一般。

通过国际贸易而发家致富的张保皋，同时具有政治头脑和军事才能，是深度介入国内政治，有着强硬后台、武装力量和人脉关系的风云人物。圆仁进了他的寺院，就像进了晚清和民国时期上海滩的租界，而且被黄金荣、杜月笙那样的人保护起来，尽管我们并不知道他是否拜过码头。[17]

可以肯定的是，八个月后，圆仁领取了地方政府颁发的通行证，由偷渡客变成了合法旅行者。为他转变身份而上下疏通的，是当地政府派出机构的一员小吏，职务是负责与新罗侨民协调关系的联络官，叫“勾当新罗押衙”。

一个日本人的心愿，就这样由新罗人和中国人成全。

这可真叫作国际合作。

获得了新身份的圆仁如愿以偿地朝拜了五台山，然后又进入长安学习了将近五年，他的这段经历则被写进了用汉语创作的《入唐求法巡礼记》。尽管许多人都将这部著作与玄奘法师的《大唐西域记》和马可·波罗的《东方见闻录》相提并论，但真正具有可比性的还是玄奘和圆仁。

没错，唐三藏也是偷渡客。

其实，玄奘西行原本是提交了申请的，只不过没有得到批准；人走以后当局也是拦截了的，只不过没拦住。没拦住当然是有人帮忙，其中就包括帝国的官员。据说，玄奘昼伏夜行来到瓜州（今甘肃安西）时，瓜州刺史独孤达还高兴地设宴款待，只有州吏李昌对来人的身份产生怀疑。

李昌说，我这里有一份从凉州（今甘肃武威）快递来的文件，要缉拿擅自出境的玄奘，说的就是法师您吧？

玄奘不知如何回答是好。

李昌说：只要法师实言相告，弟子一定成全。

玄奘说：贫僧就是玄奘。

李昌销毁了文件。然后说：法师快走！

玄奘这才得以继续西行。尽管依然千难万险，但是到达伊吾（今新疆哈密）就转危为安，因为高昌王已经派人在此恭候。他们的动人故事本书第四章已经讲过，那是可以催人泪下，并证明宗教力量之超越国界的。

此后的行程一路绿灯。当时西域各国都信仰佛教，高昌王则为玄奘办理了通关文书，并随文附上了厚礼。三藏法师从此变成合法旅行者，只不过是高昌国的。[18]

玄奘与圆仁，真是何其相似乃尔！

只不过，一个是出不去，另一个是进不来。

不能因此就得出帝国保守封闭的结论。相反，对外开放是隋唐两代的基本国策，而且在炀帝时代就已经确定。事实上正是由于受到隋炀帝的鼓励，才有了日本大使小野妹子的二次访华。这一次，他带来了留学生和学问僧各四名，用汉字书写的国书开场白则是：东天皇敬白西皇帝。

据说，这是日本国首次以天皇名义向中国致书。[19]

对此，中国史书不置一词，后来两国的交往好像也没有了下文。然而日本人的热情却有增无减。贞观四年（630）八月，也就是唐太宗被尊为天可汗四五个月后，日本派出了第一批遣唐使，并且在长安住了整整两年。[20]

此后的遣唐使便络绎不绝，终有唐一代共十九次。人数最多的是在唐文宗太和八年（834），六百五十一人；次为唐玄宗开元二十年（732）和开元四年（716），分别为五百九十四人和五百五十七人。他们多数踏上了中华大地，但也有人中途遇难或客死他乡，再也不能回到亲爱的祖国。[21]

这么多日本人不畏艰险奔赴大唐，究竟为了什么？

学习和交流。

事实上，遣唐使团人数众多，就因为随团的还有留学生和学问僧。他们有的学成回国，为日本文明作出贡献，比如创造了片假名的吉备真备；有的留在中国，为中日友好牵线搭桥，比如担任过大唐回聘日本使节的阿倍仲麻吕；更有高僧回国开宗立派，比如前面说过的空海和最澄。

在这里，宗教显示了极大的存在感。尤其是佛教，更为日本人所热衷。小野妹子就明确表示，他们此行就因为听闻中华“菩萨天子”重兴佛法，才郑重其事地前来学习。[22]

其实，兴盛于唐代的外来宗教又岂止佛家，至少还有祆教（祆读如掀，祆教即琐罗亚斯德教 Zoroastrianism，又名拜火教）、景教（Nestorian Church，即基督教的聂斯托利派）和摩尼教，甚至还有伊斯兰教。他们在唐都和一线城市都建有寺庙并招募信徒，大唐政府则不但给予保护，还授予其教长以官职，或享受同等级别官员待遇。[23]

显然，这是一种世界性的开放。隋唐的世界性文明，也可以说是各国人民共同创造的。

但，文明的中心却在长安。

国际化都市

唐代长安是世界的首都。

同样配得上这一称号的，大约只有古代的罗马城。然而长安却不像西欧许多城市那样以公共广场为中心，放射状地铺开道路。总面积七倍于罗马城的长安是方方正正的。这座由鲜卑族天才发明家宇文恺规划设计，后来经唐人不断修建扩充的城市，典型地表现着中华帝都的气派和威严。

那就让我们走进长安。

长安城北面的正中是属于皇家的宫城，其中包括皇帝的太极宫、太子的东宫、宫女的掖庭宫，以及相当于宫廷办公厅的内侍省。宫城之南是皇城，有太庙和社稷坛，以及中央政府各高级衙署，比如中书省、门下省和尚书省。

这是帝国的政治中心。

◎ 唐都长安城

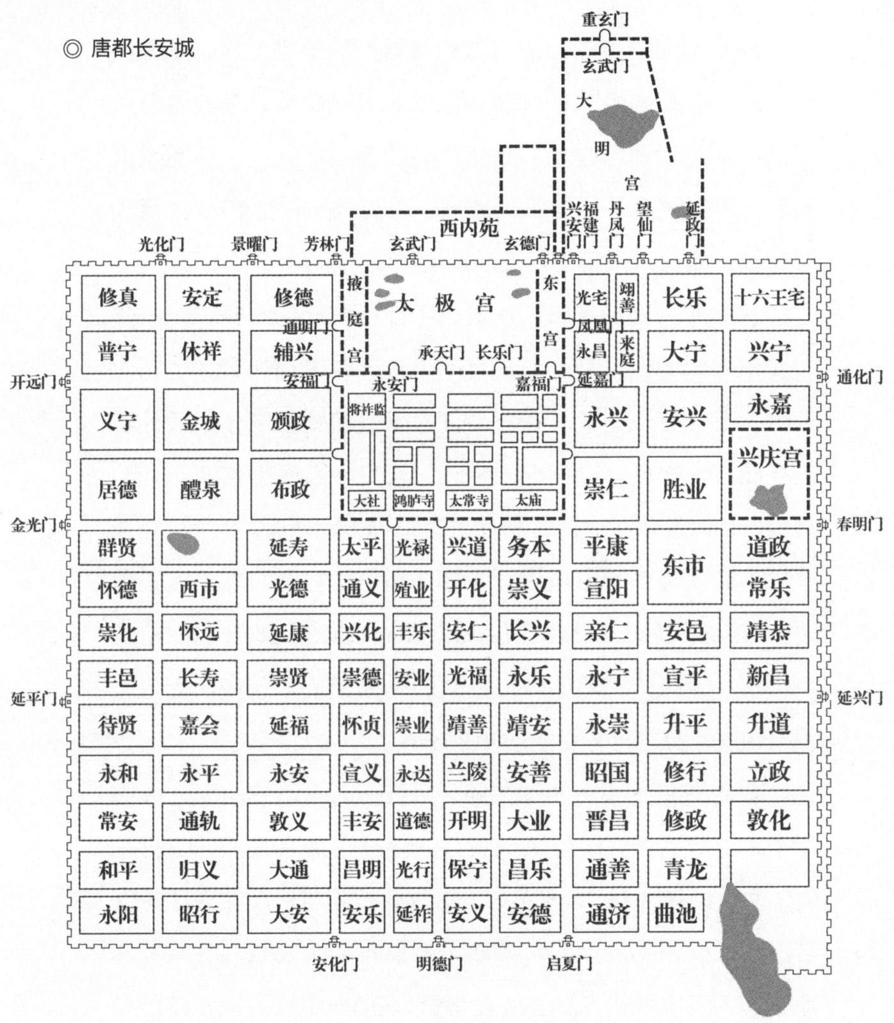

图中的太极宫是先建的，大明宫是后建的。后世皇帝多住大明宫，故又称东内，太极宫则称西内。据傅熹年主编《中国古代建筑史》第二卷。

构成帝国政治中心的宫城和皇城面积差不太多，东西两侧对齐，都是规整的长方形。皇城北面没有墙，两城以一条宽三百步的横街相隔，街北是宫城的南门承天门。每逢重大节日，朝廷便会在这里举行盛典，接见外国使团和少数民族豪酋也在此处，相当于现在北京的天安门广场。

从宫城的南门承天门出发，中经皇城南门朱雀门，再到长安南门明德门，是一条笔直的大道，叫朱雀大街，也叫作天街。天街宽 150 米，两边设有人行道和排水沟，还栽种着整齐漂亮的柳树。以此为中轴线，长安城表现出东西对称的格局，东边万年县，西边长安县，都属于京兆府。

天街两边各有五条南北走向的道路，与十四条东西走向的街道纵横交错，将宫城和皇城以外的城区分隔为一百一十一个格子。除东市和西市外，其余的方格子都是居民区，东边五十四个，西边五十五个，叫作坊。

坊的独立性和封闭性很强。它们都有围墙和坊门，大坊四个，小坊两个，由坊正负责，清晨开门傍晚关闭。各坊之间的南北距离均在 40 米左右，坊内则有街道和小巷通往各家各户。规模如此之大的坊居然星罗棋布于长安城，是很让人惊讶的。但考虑到当时全城总面积大到 84 平方公里，是现存西安老城的九倍，就不会觉得有什么拥挤。[24]

这可真是“百千家似围棋局，十二街如种菜畦”。[25]

◎ 隋唐洛阳城

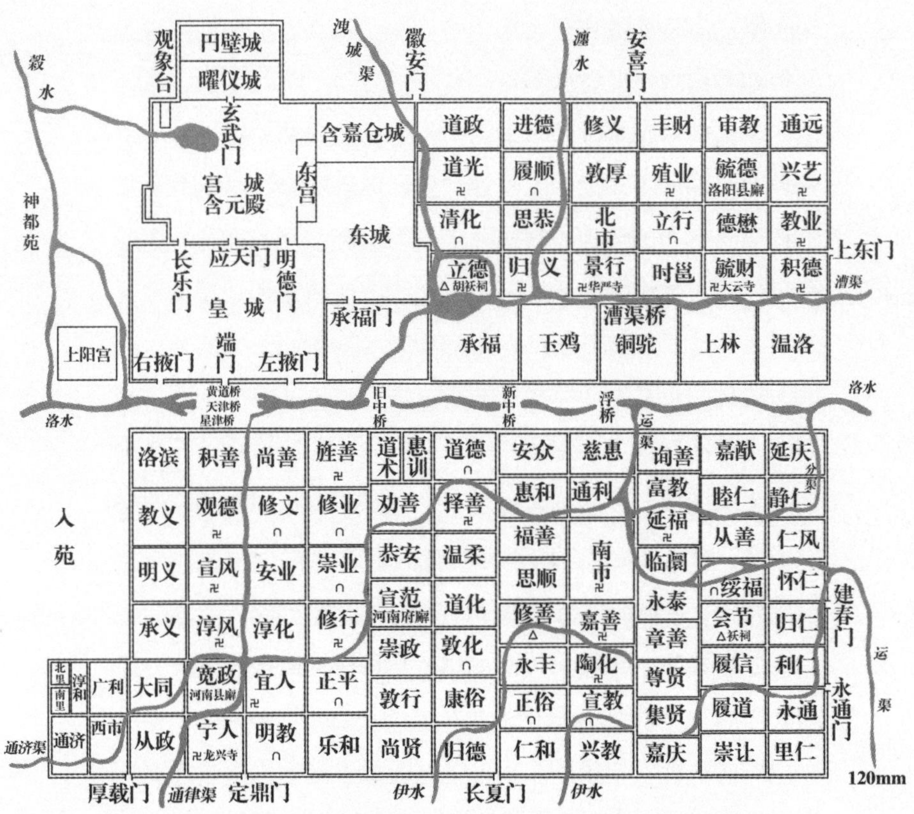

卍：佛寺，∩：道观，△：三夷寺

隋唐洛阳城将宫城布置在都城地势最高的西北，象征居于天之中央的北极星，故而隋唐洛阳城宫城又被称为“紫微宫”。据傅熹年主编《中国古代建筑史》第二卷。

洛阳城的格局大同小异，也是许多方格子的集合体，只不过宫城和皇城偏于西北一角，街道和坊也不如长安多。两相比较，长安显然更像帝都。

如此规划，用心何在？

意图在长安那里看得更为明显：皇帝坐北朝南，通过中央政府君临天下。士农工商等子民，则众星捧月般围绕在领袖和最高权力的周边，有如天上的星星参北斗。统一的规划和布局，则意味着统一的国家要有统一的意志和管理。中央集权大帝国的政治理念，被表现得淋漓尽致一目了然。

这种规划甚至也体现着混血王朝的风格。那棋盘般的格局让人想起西周的井田制，一个个自成系统的坊又让人联想到胡人的部落。我们不能肯定宇文恺是不是这样想的，但如果当真，那可就是将井田和部落城市化了。[26]

无疑，这需要才华横溢，也需要气度恢宏。

才华属于宇文恺，气度则属于李世民。他在政权尚待稳固的贞观初年就让投降的突厥入住长安近万户，可不是只看城市容量就能够作出的决定。以后的皇帝财大气粗，就更不在乎。据统计，盛唐时期鸿胪寺的国宾馆里竟然住了几十个国家和民族的使节或代表，有的一住就是几十年，使命完成了也不回国，所有的开销都由鸿胪寺大包大揽。

呵呵，有钱就是任性。

但是安史之乱后，唐帝国吃不消了。于是宰相李泌（读如必）下令停止供应，使节们则一状告到了政府。敢作敢为的李泌却不吃那一套，他把这些人召集起来训斥说：天底下哪有你们这样的外交官？要么取道回纥或者海路回国，想留下来就得为大唐效劳，干活领俸禄。你们看着办吧！

没有一个人愿意走，李泌便把他们编入神策军。结果是皇家添了壮丁，鸿胪寺则每年省下五十万招待费。

拍手叫好的，还有东西两市的商人。[27]

东西两市是长安的商业区。大体上说，东市是国内贸易中心，西市是国际贸易中心。从奇珍异宝到针头线脑，一应商品不是买于东市，就是买于西市。久而久之，购物就变成了“买东西”。也许“东西”就是这个意思——从东西两市买来的就是东西，否则就不是东西。

但，使节和代表被收编，商贩们为什么高兴？

因为这些“外宾”常常打白条，店铺老板碍于“外交关系”又不便催要。其实使节和代表们赊账，是由于国家财政吃紧，鸿胪寺的补贴不能按时发放。大唐拖欠外宾，外宾就拖欠店铺，店铺却不能拖欠国家，岂能不叫苦连天？

不过，这只是动乱之后的乱象，盛唐时的长安可是风花雪月一片繁华。有个故事说，唐玄宗天宝九载（750），一个名叫郑六的人在逛街时邂逅一位绝色美女，两人一见钟情坠入爱河，共度良宵。直到第二天早晨，他在坊门跟卖饼的胡人说起，才知道自己爱上的是狐狸精。[28]

这位美丽善良的狐狸精，是胡姬的艺术形象吧？

其实，有狐狸精的又岂止长安，其他许多城邑也是国际化的都市，比如洛阳，比如扬州，还有河西走廊的凉州（武威）、甘州（张掖）、肃州（酒泉）、沙州（敦煌）。在那些西北的城市中，佛法是伴随着驼铃，用印度语、波斯语、粟特语、突厥语和吐蕃语，由不同民族广为传播的。

最典型的还是广州。

广州从孙权的时代开始就是我国重要的通商口岸，到唐代更是胡商云集。仅鉴真法师所见，就有波斯、印度、斯里兰卡和南海、东南亚各国商船。萨珊王朝灭亡后，阿拉伯人就更多。不过，阿拉伯船只仍然被叫做波斯舶，印度洋通用的也是波斯语，正如陆路通用粟特语。[29]

各国的船只，停满了广州港。

大唐给予的则是尊重、保护和优惠政策。胡商们单独居住在蕃坊之中，通过蕃坊的负责人来接受官府管理。他们被允许保持自己的宗教信仰和风俗习惯，甚至被授予一定的自治权，以便裁决内部的纠纷。于是，就连建筑风格也都是阿拉伯的。南国风光再加异国情调，真是分外妖娆。

唐太宗“爱之如一”的主张得到了充分体现，客居广州的侨民则把大唐看作了自己的国家。因此，当黄巢的军队打进来时，他们很自然地就站在了广州保卫战的第一线。结果是十二万侨民被杀，包括穆斯林、基督徒和犹太人。

信仰之争暂时搁置了。此刻，他们都是唐人。

扬州则是另一番景象。靠着京杭大运河富庶繁荣起来的扬州，最鲜明的标志是诗人、美女和波斯客。后者在萨珊王朝灭亡之后流寓中华，却无不腰缠万贯，以至于冒牌货被叫作“穷波斯”，意思是波斯人中没有穷的。是啊，囊中羞涩岂能“烟花三月下扬州”，商埠之夜注定纸醉金迷。[30]

于是杜牧有了他十年一觉的扬州梦，争当第一的徐凝和张祜也竞相开屏。张祜诗云：十里长街市井边，月明桥上看神仙。徐凝则说：天下三分明月夜，二分无赖是扬州。

这一回，张祜似乎又落了下风。

其实多彩多姿的还有盛产蜀锦的益州（成都），作为中转站和集散地的洪州（南昌），等等等等。这些城市当然也都风采各异，但有一点是共同的——满街都是胡人。[31]

那么，究竟是什么，吸引着世界各国的商人、银行家或高利贷者、外交官、书生、探险家和传教士呢？该不会只是丝绸、茶叶和善解人意的青楼女子吧？

当然不是。

文化航母

阿倍仲麻吕要回日本去了。

中文名字叫做晁衡的阿倍仲麻吕，是在开元四年（716）作为留学生来到大唐的。当时他十九岁，同行的则有吉备真备和学问僧玄昉，均为一时之选。进入国子监学习的阿倍仲麻吕也不负厚望，以优异成绩一举考中进士。[32]

现在，我们至少知道了三位外籍进士，先后是日本人阿倍仲麻吕、新罗人崔致远、阿拉伯人李彦升。

这里面的信息值得深思。

前面说过，唐代科举最难考的是进士。因为其他科目比如明法和明算，选拔的都是专业技术人员。进士科的设置却是要为帝国的高级官员和政治家做人才储备，因此并不考核专业技术，对基本素质和综合能力则要求更高。

那么，进士科考什么？

贴经、杂文、时务策。贴经就是从儒家经典中选取部分段落篇章做填空题，杂文是写诗和骈文，时务策则是论述时政对策。第一项考基础知识，第二项是才艺展示，第三项相当于学位论文。如此全面考核，难怪考中不易。

对于外国人，就更难。

阿倍仲麻吕却一举成功。此后他留在了长安，成为大唐的一名官员，一住就是几十年。天宝十二载（753），思乡心切的仲麻吕被玄宗皇帝任命为大唐出使日本的使节，与久别重逢的故人、遣唐副使吉备真备一起回国。

消息传出，朝野上下依依不舍，名重一时的王维等人纷纷作诗送别。阿倍仲麻吕则写下了著名的《衔命还国作》送给中国朋友——平生一宝剑，留赠结交人。[33]

这说明什么呢？

阿倍仲麻吕已经融入大唐。[34]

大唐境内，像仲麻吕这样的外国人不在少数，融入的原因也五花八门。比如萨珊王朝被阿拉伯帝国灭亡后，流亡的波斯王族复国不得，就只好客死长安。但更多的是来了就不想走，比如赖在鸿胪寺国宾馆的那些使节。问题是，并非所有外国人都被唐帝国包养，吸引其他人的又是什么呢？

财富，机会，制度，文化。

逐利而居的商人当然是冲着巨额财富，或者说赚钱机会而来的。这其实要感谢隋炀帝。由于大运河的开通，陆上和海上两条丝绸之路基本贯通起来。商旅从广州港登陆，取道梅岭进入洪州，再向东进入钱塘江，就可以一帆风顺地从杭州而扬州，而洛阳，直至丝路的东方起点长安。[35]

作为世界首都，长安是国际贸易的大市场。在此，帝国政府设有市局和市准局，负责工商管理和标准计量，也负责平抑物价。薄利多销的政策刺激了消费，稳定低廉的物价更让远道而来的胡商有利可图。于是，以粟特、波斯和阿拉伯人为主的外来资本集团，就自然而然地形成。

胡人的商团非常专业，甚至操纵和垄断着部分行当。有一次，某寺在做完道场后得到一件施主奉献的宝物，长约数寸形如朽钉。寺僧不识货，拿到西市请胡商鉴定。胡商只看了一眼，马上就说：哪里来的？开个价吧！

寺僧决定狮子大开口，要价十万。

胡商却呵呵大笑。直到寺僧将价码加到五十万，胡商这才不紧不慢地说：告诉你吧，这个值一千万。

成交之后寺僧才知道，那是佛骨。[36]

此事的真伪不得而知，胡商的长袖善舞则毋庸置疑。在他们眼里，对外开放的大唐简直就是天堂。没错，长安是聚宝盆，扬州是销金窟，他们当然乐不思蜀。

但，这样看问题，也就是商人而已。

更多人看重的是建功立业的机会。安史之乱前，作为世界帝国，大唐弥漫着英雄主义的氛围，充满了开拓进取的精神；作为混血王朝，他们又不分种族地对所有人才都敞开大门。于是大臣有天竺人迦叶济，名将有高句丽人高仙芝，外交官有波斯人李密翳，堪称各色人等济济一堂。

隋唐创立的制度也是一块磁石，因为它在当时的世界上是最先进的。于是，这些制度被移植到了日本。就连长安城的模样，也被几乎原封不动地搬到了奈良。

更吸引人的，是文化。

什么是文化？文化就是生活方式，而唐人的生活充满了趣味和诗意，并崇尚知识、智慧和才情。一个人，如果才华出众风流倜傥，那是会拥有众多粉丝的。

有个故事很能说明问题。

唐玄宗开元年间某一天，诗人高适、王昌龄和王之涣在酒楼小饮，邂逅皇家乐团的几位歌女。当时正值寒冬，天上微微飘着雪花。三位诗人回避到外间拥炉听歌，同时约定以歌女所唱诗歌之多寡，来认定自己在诗坛的排名。

然而唱来唱去，不是王昌龄的，便是高适的。王之涣开始沉不住气了。他指着歌女中最出色的一位说：回头她如果不唱我的诗，这辈子不跟你们争高下。

最漂亮的那位也终于发声：黄河远上白云间，一片孤城万仞山。羌笛何须怨杨柳，春风不度玉门关。这一曲，直唱得回肠荡气响遏行云，被公认为最精彩。

诗人与歌女就此相识，愉快地度过了一天。[37]

此事的真伪同样无从稽考，体现出的氛围却很可靠。事实上，由于皇家酷爱此道，科举推波助澜，诗在唐代已经成为一种生活方式和交往方式，一种潮流和时尚，以及上流社会的身份标志和统治阶级的共同教养。难怪杜牧能在扬州的青楼如鱼得水了。要知道，他并非富可敌国。

这就雄辩地证明了大唐的文明程度之高。因为只有在高度文明的国家，诗人才会有那么崇高的地位，也才会有那么多人写诗，还人才辈出。在繁星般的名家背后，应该是数量更为庞大的作者和读者群。

阿倍仲麻吕，就是被这种氛围所吸引吗？

也许吧，也许。

可以确知的是，每次遣唐使来华，都会大量搜集唐人的诗作带回日本，吟诗作赋也成为日本皇室和达官贵人的必修功课。与唐宪宗和唐穆宗同时的平安朝嵯峨天皇，甚至写出了丝毫都不逊色于唐人的诗句：寒江春晓片云晴，两岸花飞夜更明。鲈鱼脍，莼菜羹，餐罢酣歌带月行。[38]

何况还有雕塑、绘画、书法和乐舞。

这同样是无法历数的领域，或许只有两点需要强调。第一是作为中国独有的艺术样式，书法在日本和新罗也十分热门。日本的嵯峨天皇、空海法师和新罗的崔致远，都有名作传世。第二是流传到日本和天竺的唐代乐舞，深受西域文化的影响。事实上西域乐舞在长安早已压倒中华乐舞，胡旋舞和柘枝舞（柘读如这）更为上流社会所喜欢。鼓催残拍腰身软，汗透罗衣雨点花，西域乐舞简直就是魅力无穷。

有魅力就有传播力，有传播力就有生命力。

大唐正好搭建了这样一个交流传播的平台，满足的需求是双向的，受益也是双向的。外域文化让唐人大开眼界内心丰富，唐制度和唐文化则启迪着其他民族的心智。于是，大唐便成为一艘巨大的文化航母，各国和各民族的使节、商人、僧侣和留学生从这里起飞，把灿烂辉煌的中华文明传播到东亚、中亚、西亚、南亚、西欧和北非。

一个世界性的帝国，就这样横空出世。

命运与选择

似乎从一开始，大唐就面向了世界。

看看他们的都护府就知道——贞观十四年（640）置安西都护府于交河，总章元年（668）置安东都护府于平壤，次年改瀚海都护府为安北都护府，调露元年（679）置安南都护府于宋平（今越南河内）。东西南北，都有都护府。

辖境则早已超出了中国版图。南边到了越南，东边到了朝鲜和韩国，北边到了蒙古国和俄罗斯，西边更是包括了哈萨克斯坦东部和东南部、吉尔吉斯斯坦全部、塔吉克斯坦东部、阿富汗大部、伊朗东北部、土库曼斯坦东半部、乌兹别克斯坦大部。这些今天属于他国领土的地方，当时都被大唐不由分说地看作了自己的势力范围，甚至疆域。

这，难道还不是世界性大帝国？

然而所有这些动作，都在武后称帝之前完成。从建立安西都护府到设置安南都护府，则只用了三十九年。这就充分说明，对外扩张是太宗到武后三代执政者的共同国策。一个农业民族的王朝，竟会有如此膨胀的野心，又能如此迅速地予以实现，恐怕非比寻常。其间奥秘，究竟何在?

简单地说，有三个原因。

首先，隋唐虽然是农业帝国，却不是或不完全是农业民族建立的。建立新王朝的是混血民族。杨隋和李唐的皇族和重臣身上，都流淌着游牧民族的鲜血。他们从祖上开始，就没有安于本分的习惯，攻击、侵略、开拓、进取反倒是他们的天性，只不过这一次的“草原”更加辽阔而已。

其次，农业帝国也未必就不扩张，亚述和两汉便极具扩张性。两汉的区别仅在于西汉主要向北，东汉主要向南。实际上，农业民族的逻辑是这样的：由于需要定居，所以建立国家；由于需要兴修水利、对付天灾和抵抗外敌，又必须由城市国家变成领土国家，最后发展为中央集权的大帝国。

帝国建立以后，疆域就成了问题。人口增加以后，土地又成了问题。无论保家卫国还是发展生产，都必定与周边国家产生摩擦，导致战争。因此，农业帝国又必然会发展为农业军事帝国，开疆辟土则成为维持生存的不二法门。

扩张势在必行。

这一点，农业帝国与游牧帝国并无两样。不同的是，游牧民族的战争诉求是财富,农业民族的则是土地。一个要动产，一个要不动产，道不同，术也相异。所以，游牧军事帝国只占领不治理，只屯兵不垦荒，往往是打下一片又丢掉另一片。是啊！天底下只有吃草的，哪有种草的呢？

农业军事帝国的政策却是屯垦戍边。前面的军队打到了哪里，后面的农民就会跟到哪里。在他们看来，扩张就像开荒，也应视为开荒，没有农业跟进的开荒是没有意义的。也因此，如果前方不宜人居，战车就会停下来。

所以，农业帝国的扩张是理性的和有度的，他们的边界就在安全线内，视土地需求的饱和而止。游牧帝国的扩张则是非理性和无限度的，他们的边界是自己的能力。或者说，他们总要打到打不动为止。也因此，他们的历史就像旋风或台风，迅速兴起，迅速消亡，只留下一片狼藉。

这样看，大唐产生征服世界的野心并不奇怪，没有这个野心反倒不太正常。别忘了，就连小小的高句丽，也知道把自己变成军事王国，趁中原内乱之机南下扩张，何况统一强大如汉、唐？所谓“犯强汉者，虽远必诛”云云，是借口也是实情。只不过，汉和唐可以用这种口气说话，而且能说到做到，高句丽就不行，这又是为什么呢？[39]

文化的优劣。

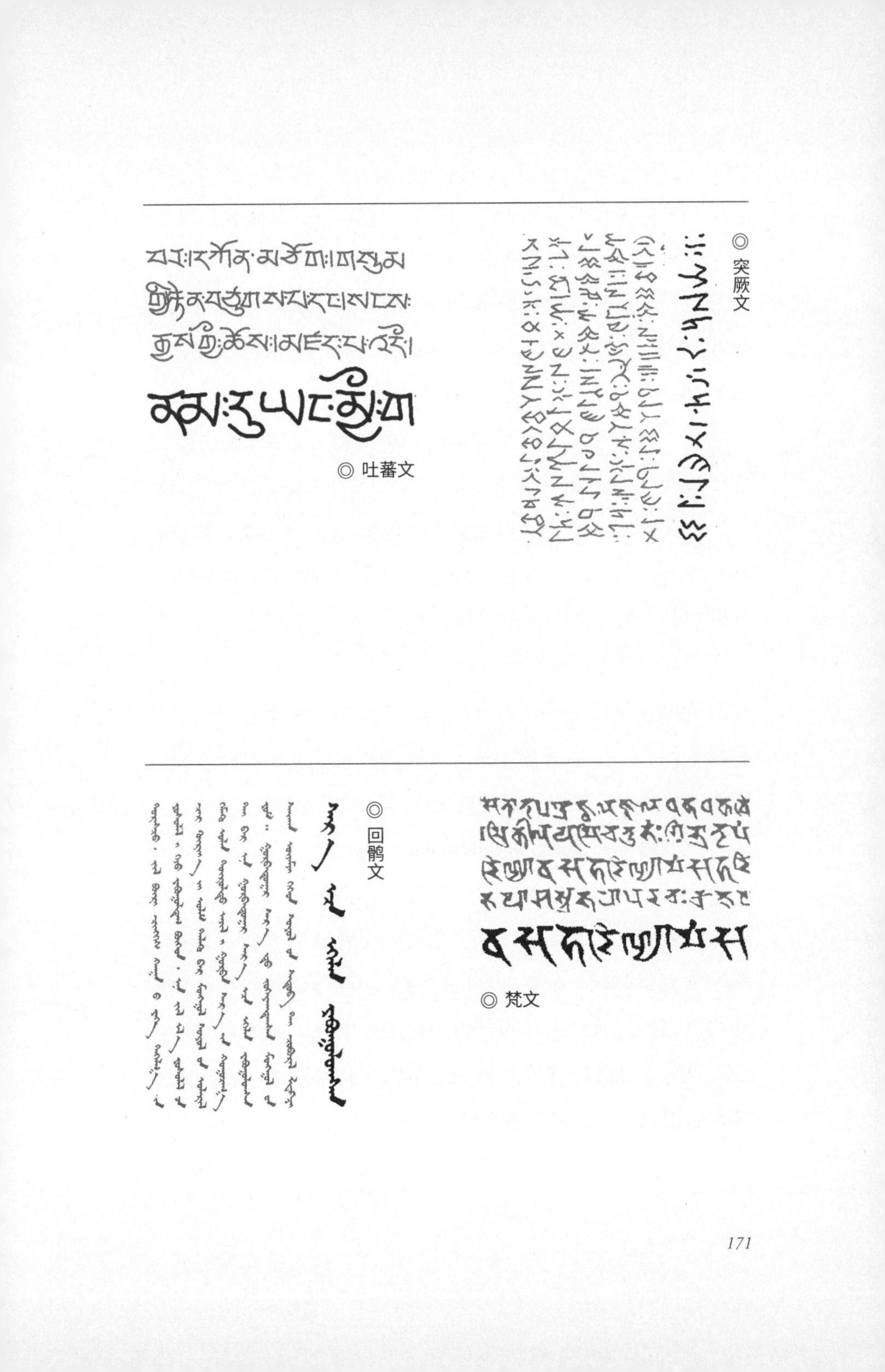

◎ 突厥文

◎ 吐蕃文

◎ 回鹘文

◎ 梵文

请问，文化有优劣吗？

一般地说，就性质和品质而言，文化无优劣。文化就是文化。作为人类生存和发展的方式，任何文化都有存在的理由和权利，也不具备可比性。因此，我们不能说某种文化是优质的，另一种或另一些是劣质的。

但，品质无优劣，形势却有，态势也有。换句话说，世界上没有优质文化或劣质文化，却有优势文化，也有劣势文化。优势肯定优质，也肯定强势。劣势虽未必劣质，却肯定弱势。人往高处走，水往低处流。成为世界性文明的是隋唐而非其他，根本原因就在这里。[40]

不过，这里面还是有问题。

问题在于优势不是永远的，具有优越性也不等于一定具有世界性。三十年河东，三十年河西。中华文化怎样才能长期保持优势，处于弱势的其他文化又将何以自处？

东亚各国各民族，都面临选择。

突厥、回纥和吐蕃选择了坚守。他们虽然也懂汉语，识汉字，使用的公共语言却独立自主。尽管突厥文源自粟特，回纥文源自突厥，吐蕃文则以印度文字为母体，但是总归是他们自己的。同样重要的是佛教和道教始终未能进入突厥社会，回纥干脆选择了摩尼教，吐蕃则在同时引进印度和汉传佛教后创立了自己的宗教系统，并延续至今。

这不难理解。

的确，面对大唐的强势，缺乏深厚积累的他们不能不充满警觉并坚守阵地，以免被高度发达又极具传播力的汉文明吞没。然而有趣的是，同样弱势的日本和新罗，却选择了全盘汉化的文化战略，不惜在日文和韩文创造之前大量直接使用汉字，唯恐不能与中华文明有着共通的文化标识。他们也争相引进汉传佛教，与突厥、回纥和吐蕃正好相反。

选择决定命运。总想与隋唐保持距离的突厥和回纥在历史舞台上功成身退，与中华若即若离的吐蕃以特色鲜明的姿态融入了民族大家庭，全盘汉化的日本和新罗则最终走上了独立发展的道路。蓦然回首，真让人感慨万千。[41]

大唐同样面临选择。

没错，公元 7 世纪的大唐有着令人羡慕的文化优势。两千年前开创的古老文明，在经历了四百年的磨难后，又被五胡和鲜卑注入新鲜血液，从而兼具了农业民族的沉稳和游牧民族的血性，比当年的两汉更加优质和强势。这时，他们就算关起门来孤芳自赏，冲出国境耀武扬威，或者居高临下地目空一切，恐怕也没有太多人好意思批评。

大唐却选择了开放和包容。

开放是对外而言的。任何人都可以进来，想学什么就学什么，想要什么就给什么。包容是对内而言的。任何外来文化都能为我所用，国民则完全可以各取所需。没有限制，没有区别，没有条条框框，没有清规戒律，只有博大胸怀。

这是自信的表现。

历史学家已经发现，一个王朝和国家，越是政权不稳统治动摇，就越是对内拼命钳制，对外顽固排斥。相反，如果相信自己的政权稳如泰山，自己的文化浩如沧海，那就会打开所有的门窗，对外来文化一视同仁地照单全收。[42]

不能不钦佩唐人。他们有优势，也有优越性，却没有优越感，反倒对外来文化表现出好奇心，对其他民族表现出平常心，既不妄自菲薄，也不仗势欺人。因为他们相信，任何文化都不能颠覆我们的传统，只能成为自己的养分；他们也相信，文明不是私有财产，它属于天下人。

这才真叫大国风度。

现在可以作一个总结了：农业帝国原本就有扩张性，隋唐又是混血王朝，更兼挟中华文化之优势，以开放的姿态和兼容的心态面对现实，这就是他们创造出世界性文明的三大原因。与拜占庭、阿拉伯并为三大帝国，也就不足为奇。

那么，三大帝国又会有怎样的故事呢？

本卷终

请关注下卷《禅宗兴起》

注释

第一章

1 事见《资治通鉴》卷一百八十五。

2 关于炀的解释，见《资治通鉴》卷一百八炀皇帝上之上篇首胡三省注。

3 汉与汉以后隋之前末代皇帝的谥号是：汉献帝、魏元帝、晋恭帝、宋顺帝、齐和帝、梁敬帝、北魏孝武帝、东魏孝静帝、西魏恭帝、北周静帝，北齐末代皇帝无谥号。

4 李商隐《隋宫》云：地下若逢陈后主，岂宜重问后庭花。《资治通鉴》卷一百八十胡三省批注称：好内怠政曰炀。帝（隋炀帝）谥陈叔宝曰炀，岂知己不令终，亦谥曰炀乎？

5 请参看胡戟《隋炀帝的真相》。

6 请参看（日）气贺泽保规《绚烂的世界帝国：隋唐时代》。

7 请参看胡戟《隋炀帝的真相》。

8 因此，也有历史学家不把两晋列入中华帝国的序列，请参看黄仁宇《赫逊河畔谈中国历史》。

9 历代王朝的起止时间，学术界历来有不同计算方式，两个王朝的兴亡也会有时间的重叠，这里不争论。

10 中华帝国史的分期也是有争议的问题，黄仁宇先生即以秦汉为第一帝国，唐宋为第二帝国，明清为第三帝国，理由是唐宋具有开放性，明清具有收敛性。然而事实上，唐代怛罗斯战役后，中华帝国的对外扩张便基本停止，宋代的版图更缩至历史最小，只不过仍然延续了唐帝国和唐文明的许多特征。因此本中华史将唐宋合称为世界性文明，但分属第二帝国和第三帝国。至于四个帝国时间的计算方式，分别是秦并天下（前 221）至曹丕称帝（220）为第一帝国秦汉，杨坚建国（581）至朱全忠灭唐（907）为第二帝国隋唐，赵匡胤称帝（960）至朱元璋建国（1368）为第三帝国宋元，朱元璋建国（1368）至辛亥革命（1911）为第四帝国明清。这里面，只有第三帝国和第四帝国之间是没有空当的。魏晋南北朝不列入中华帝国系列的原因，亦请参看易中天《帝国的终结》一书。

11 从曹丕称帝（220）到陈叔宝亡国（589），魏晋南北朝共三百六十九年；从晋武帝灭吴（280）到刘渊称帝（308），西晋统一中国二十八年。

12 日本学者气贺泽保规就认为隋有两张面孔，请参看《绚烂的世界帝国：隋唐时代》一书。

13 隋炀帝离开洛阳前往江都是在大业十二年（616）七月十日，被杀则在十四年三月十一日。

14 为隋炀帝建言献策的是黄门侍郎裴矩，他也因此而在兵变中受到骁果的保护。见《隋书·裴矩传》。

15 见《隋书·宇文述传》。

16 煽动骁果造反的人，正史称为老二宇文智及，野史称为老三宇文士及。但这段历史被魏徵等人篡改过，因此野史很可能是信史。请参看袁刚《隋炀帝传》。

17 以上事见《资治通鉴》卷一百八十五。

18 见《隋书·炀帝萧皇后传》。

19 据一条未必可靠的史料，炀帝被害前有朱贵人挺身而出，大骂叛军忘恩负义，遂被杀。见《隋炀帝海山记》。

20 江都兵变后，萧皇后被叛军带到了聊城。宇文化及兵败后，萧皇后被窦建德奉养，然后又被处罗可汗迎至突厥，最后被唐太宗迎回长安，在唐太宗驾崩的前一年以八十高龄谢世。有学者认为，萧皇后死里逃生是因为她与隋炀帝画清界限，从而赢得了御林军全体官兵的尊敬。此说恐怕很难成立。请参看袁刚《隋炀帝传》。

21 见《资治通鉴》卷一百八十五。

22 请参看（日）气贺泽保规《绚烂的世界帝国：隋唐时代》。

23 当时的唐王李渊得到隋炀帝被害的消息，是放声大哭了的 。但是没过几天，他便毫不客气地请隋恭帝杨侑让出皇位。炀帝之死对于这位后来的唐高祖，恐怕正是时候。李密和窦建德却是动真格的。在消灭了那伙乱臣贼子之后，窦建德拜见了萧皇后，不但俯首称臣，还着素服祭奠炀帝。这位农民起义军领袖的说法是：我是隋臣，隋是我君，杀我君父者便是我的仇人。李密则在阵前痛骂对方：尔等世受国恩，竟然弑君谋逆，天地都不容！以上事见《旧唐书》与《新唐书》之《李密传》、《窦建德传》，《资治通鉴》卷一百八十五，卷一百八十七，并请参看胡戟《隋炀帝的真相》。

24 开皇三年（583）正月，隋政府下令将男子的纳税年龄由十八岁提高到二十一岁，但十八岁受田的规定不变。这样，农民在受田之后就其实有三年的免税期。这一政策，减轻了农民负担，也发展了生产力。见《北史·隋本纪》、《隋书·食货志》。

25 见《隋书·高祖纪》。

26 见《独异志》卷下。

27 马端临《文献通考》称：古今称国计之富者莫如隋。钱穆《国史大纲》称：隋文帝初一天下，就实现了西汉初年高、惠、文、景三代四帝六十年休养生息才达到的目标，文帝的遗产则足够以后五六十年的政务开支。

28 见《元和郡县志》卷五《河南道一》。

29 杜宝《大业杂记》称舰队船只共 5191 艘，也有人统计为 5245 艘。请参看袁刚《隋炀帝传》。

30 关于这次北巡的时间，《资治通鉴》记载有误，此处据胡戟《隋炀帝的真相》、袁刚《隋炀帝传》。

31 见《隋书·宇文恺传》。

32 见《隋书·裴矩传》、《资治通鉴》卷一百八十一。

33 唐代胡曾《咏史诗·阿房宫》。

34 历史学家袁刚先生即持此论,请参看袁刚《隋炀帝传》。

35 日本历史学家气贺泽保规即持此论，请参看气贺泽保规《绚烂的世界帝国：隋唐时代》。

36 对此，司马光的《资治通鉴》含糊其词；袁刚的《隋炀帝传》认为是杨广授意杨素，由张衡动手杀隋文帝于病榻；胡戟《隋炀帝的真相》则认为是张衡擅自或在杨素的指使下谋杀了隋文帝，而当时还是皇太子的杨广在事后默认许可。

37 请参看袁刚《隋炀帝传》。

38 请参看陈璧显主编《中国大运河史》。

39 请参看气贺泽保规《绚烂的世界帝国：隋唐时代》及张国刚推荐序。

40 请参看赵翼《廿二史札记》，陈寅恪《唐代政治史述论稿》。

41 赵翼《廿二史札记》即称：古来得天下之易，未有如隋文帝者。

42 关陇集团和关中本位政策的概念，系由陈寅恪先生提出；杨勇与杨广的路线斗争，则请参看气贺泽保规《绚烂的世界帝国：隋唐时代》。

43 三阶教和天台宗都是中国佛教宗派。三阶教又名普法宗，创始人是隋代的信行。天台宗又名法华宗，创始人是陈朝的智顗（读如以）。开皇十一年（591）十一月二十三日，智顗在江都城内扬州总管府为杨广授菩萨戒。开皇二十年（600），隋文帝禁三阶教。

44 杨勇被废是在开皇二十年（600）十月初九，距离高颎罢官刚好整整一年。罢免高颎的理由非常牵强：征高丽不力。实际上，高颎一开始就是反对发动这场战争的，战争失败本应由文帝负责。

45 见《隋书·高颎传》。

46 高颎被免还有一个原因，即隋文帝怀疑他与杨勇结党。因为隋文帝将东宫的卫戍部队调往自己身边时，也遭到高颎反对。此外，在隋文帝那里说高颎坏话的还有独孤皇后和汉王杨谅。请参看《资治通鉴》卷一百七十八。

47 这是三阶教遭到的第一次打击。此后，武则天和唐玄宗都重申了禁令。唐德宗时，有复兴迹象。唐末宋初，完全湮灭。

48 杨广继位以后，高颎被重新起用，但是终于被杀。杨素则在大业二年病死，死前拒绝服用隋炀帝所赐药物，只求一死。请参看《隋书》之《高颎传》、《杨素传》。

49 实际上在开皇十年，隋文帝仍然坚持关中本位政策。但到开皇二十年选择杨广为太子时，便已经决定了转换政治路线的大政方针。请参看气贺泽保规《绚烂的世界帝国：隋唐时代》及张国刚推荐序。

50 据《魏书·李冲传》，孝文帝拓跋宏曾对李冲说，意欲从北到南开凿大运河跨过黄河直达淮河，并认为这是“军国之大计”。

第二章

1 据《新唐书·高祖皇帝本纪》，当时造反起义者凡四十九处，其中称帝者四人，称王者八人，遍布全国各地。

2 新旧《唐书》皆称，李渊为了对付隋炀帝的猜忌，尽力韬晦。

3 见《旧唐书·裴寂传》,《新唐书》之《高祖纪》与《裴寂传》,《资治通鉴》卷一百八十三。

4 最早对这段历史的官方说法表示质疑的是汪篯先生，见《汪篯隋唐史论稿》。现在，唐史被贞观史臣篡改已几乎是学界共识。袁刚《隋炀帝传》即称晋阳起兵的首谋毫无疑问是李渊，赵克尧、许道勋《唐太宗传》也称晋阳起兵的策划者首推李渊。

5 见《资治通鉴》卷一百八十三。

6 袁刚《隋炀帝传》认为此案是李渊主动勾结裴寂，勇敢地住进炀帝行宫，以示挑战。这个说法，似乎也矫枉过正。

7 见温大雅《大唐创业起居注》卷一。

8 见王夫之《读通鉴论》卷二十。

9 见温大雅《大唐创业起居注》卷一。另，李渊勾结突厥一事在正史中极其隐晦，真相大白是由于陈寅恪先生的考证。请参看陈寅恪《论唐高祖称臣于突厥事》。

10 见《旧唐书·李密传》。

11 本节所述玄武门之变及相关史实无另注者，全部依据《资治通鉴》卷一百九十一。

12 事见《旧唐书·太宗本纪》,并请参看《孟宪实讲唐史:从玄武门之变到贞观之治》。该书对玄武门之变有很精辟的分析，本书亦有引用，不另注。

13 据《旧唐书·淮安王神通传》，唐太宗称李神通为叔父。

14 玄武门之变是发生在玄武门之内还是之外？本书倾向于认为是在门外，请参看《孟宪实讲唐史：从玄武门之变到贞观之治》。

15 此番问答，《旧唐书·尉迟敬德传》中有“高祖意乃安”五个字，却被《资治通鉴》删去，从而掩盖了李渊心中有鬼的历史真相。在细节上做手脚，是司马光的一贯伎俩。

16 裴寂其实是太子党，一直站在李建成一边，而且将李世民的得力助手刘文静诬陷致死。李世民即位后，仍以开国元勋待之。但到贞观三年，裴寂被认定有该死之罪四条，从宽处理判处流放。

17 此段综合了新旧《唐书》之《隐太子建成传》和《资治通鉴》卷一百九十一。

18 三天后，李世民被立为皇太子。两个月后，继位为帝。作为太上皇，李渊活到贞观九年五月寿终正寝，享年七十一岁。

19 关于这个时间的考证，请参看《孟宪实讲唐史：从玄武门之变到贞观之治》。

20 这是陈寅恪先生的观点：隋炀帝远游江左，所以卒丧邦家；唐高祖速据关中，所以独成帝业。见陈寅恪《唐代政治史述论稿》。

21 以上描述据《周书》之《突厥传》、《宇文测传》，

《中国大百科全书（第一版）·民族卷》，林幹《突厥与回纥史》。据《周书·突厥传》，阿尔泰山又名金山，金山的形状类似于兜鍪（读如谋），而当地人把兜鍪叫做突厥，突厥由此得名。

22 以上请参看袁刚《隋炀帝传》。

23 请参看杜祐《通典》卷一百九十七。

24 请参看陈寅恪《论唐高祖称臣于突厥事》。

25 颉利可汗是启民可汗三子。启民可汗去世后，长子继位，是为始毕可汗。始毕可汗去世后，儿子尚小，弟弟继位，是为处罗可汗（并非西突厥的处罗可汗，西突厥的全称泥撅处罗可汗）。处罗可汗去世后，始毕可汗的儿子仍小，由三弟继位，是为颉利可汗。

26 见《资治通鉴》卷一百九十一。

27 关于这次突厥的入侵，新旧《唐书》均称起兵是在七月，日期不详。但《资治通鉴》将突厥军进武功、京师戒严和太宗登基，一并记在同一天，即八月九日。

28 以上综合《旧唐书·突厥传》、《新唐书·突厥传》、《资治通鉴》卷一百九十一。

29 以上见《资治通鉴》卷一百九十三。

30 贞观之治的实现，《新唐书·魏徵传》和《资治通鉴》卷一百九十三均记在贞观四年，《资治通鉴》还明确记在颉利可汗被俘，唐太宗被尊为“天可汗”之后。

31 见《旧唐书·魏徵传》、《新唐书·魏徵传》,《资治通鉴》卷一百九十一。

32 以上见《贞观政要》卷一《政体》,《新唐书·魏徵传》,《资治通鉴》卷一百九十三。但《贞观政要》将这次辩论记在贞观七年是不对的，因为封德彝在贞观元年六月即已去世。王先恭《魏文贞公年谱》记在唐太宗即位后不久，是符合历史的。据查，魏徵在武德九年的七月至九月出差关东，因此辩论应在回京后的十月。请参看赵克尧、许道勋《唐太宗传》。

33 见《旧唐书·张玄素传》、《新唐书·张玄素传》、《资治通鉴》卷一百九十三。

34 请参看气贺泽保规《绚烂的世界帝国：隋唐时代》。

35 据《旧唐书·张玄素传》，魏徵评价说：张公论事，遂有回天之力，可谓仁人之言，其利博哉！

36 见《资治通鉴》卷一百九十四。

37 见《旧唐书·魏徵传》、《新唐书·魏徵传》、《资治通鉴》卷一百九十二，但只有《新唐书·魏徵传》将忠良之辨和兼听则明记载在同一时间，《资治通鉴》则将兼听则明记在贞观二年。

38 见新旧《唐书》之《魏徵传》。

39 长孙皇后救魏徵一命的故事，见于唐人所撰《独异志》和《大唐新语》。两书都是小说，不是正史。但长孙皇后对魏徵的肯定和赞扬，《旧唐书·长孙皇后传》有记载。另据《旧唐书·魏徵传》，魏徵去世后，唐太宗就解除了衡山公主与魏徵之子的婚约。据《新唐书·魏徵传》，太宗还毁掉了为魏徵所树的御碑。

40 见《资治通鉴》卷一百九十二。

41 见《贞观政要》卷一《君道》。

42 见《贞观政要》卷一《政体》。

43 见新旧《唐书》之《封德彝传》。

44 唐太宗的愿望在魏徵去世后得到了实现。贞观十八年（644）四月，即魏徵去世的第二年，唐太宗要大臣指出他的过失，长孙无忌等人都说"陛下无失"，只有两个人提出意见，其中一人当年被杀。贞观二十一年（647）五月，唐太宗总结自己功超古人的五点经验，并问大臣褚遂良：你做过史官，朕说的属实吗？褚遂良说：陛下盛德岂止五条？实在是太谦虚了。见《资治通鉴》卷一百九十七、一百九十八。

45 见《资治通鉴》卷一百九十五。

46 见《资治通鉴》卷一百九十六。

第三章

1 这一观点亦请参看周时奋《中国历史十一讲》。

2 严格意义上的邦国时代是从西周开始的，之前的夏是部落国家，商是部落国家联盟，周则是国家联盟。这个联盟以周王国为盟主，周天子为共主。天下的产权在名义上属于周天子，叫“普天之下，莫非王土”；治权也一样，叫“率土之滨，莫非王臣”。但，周天子分封诸侯以后，各国的产权和治权就永久性地属于国君。他们还可以进行权属的再分配，从而建立起大夫的家。天下、国、家，三级所有，层层转包，各自为政，自负盈亏，是为邦国制度。详请参看本中华史第三卷《奠基者》。

3 辅佐君主的贵族虽无薪水却有酬劳。酬劳高级贵族的办法是封土封民，册封他们为大夫和诸侯。诸侯对封国，大夫对采邑，都有财权和治权。士得到的酬劳是世田，只有财权没有治权。

4 例外的是西汉初年和西晋，结果是西汉有七国之乱，西晋有八王之乱。但直到唐代，仍然有人主张封建，请参看柳宗元《封建论》。

5 天下乃天下人之天下，见托名姜太公的《六韬》。

6 六部的排列次序，隋唐至宋初有变化。至王安石变法，始定为吏、户、礼、兵、刑、工，以后不再改变。另，本章所述均请参看钱穆《中国历代政治得失》，吴宗国主编《中国古代官僚政治制度研究》，杨鸿年、欧阳鑫《中国政制史》，韦庆远、柏桦《中国官制史》，陈茂同《中国历代职官沿革史》，《中国历代官制》编委会编著《中国历代官制》（齐鲁书社版），徐连达编著《中国历代官制大辞典》，易中天《帝国官僚制度简述》。

7 以上亦请参看《旧唐书·职官志二》。

8 六部官员的官阶：尚书，唐正三品，宋从二品，元正三品，明正二品，清从一品。侍郎，唐正四品，宋从三品，元正四品，明正三品，清正二品。郎中，唐从五品，宋从六品，元从五品，明正五品，清正五品。员外郎，唐从六品，宋正七品，元从六品，明从五品，清从五品。主事，唐从九品，明正六品，清正六品。

9 先由门下审核再由皇帝签署的是制书，先由皇帝签署再由门下副署的是敕书。请参看刘后滨《从三省体制到中书门下体制》。

10 所以钱穆先生说，汉代宰相是“领袖制”，唐代宰相是“委员制”，见钱穆《中国历代政治得失》。

11 见《资治通鉴》卷一百九十二。

12 姚崇改革事见《唐会要》卷五十五。这个制度，《南部新书》乙篇称“凡中书有军国重事，则中书舍人各执所见，杂署其名，谓之五花判事”。《唐六典》卷九则称“凡有章表，皆商量可否，则与侍郎及令连署而进”。

13 见《旧唐书·李藩传》。

14 见《资治通鉴》卷一百九十二。

15 三省主要官员的官阶是：尚书都省一把手尚书令，正二品；副长官左右仆射，从二品；秘书长左右丞，正四品。都省之下，六部尚书定员一人，正三品；侍郎定员二人，正四品。唐代宗大历二年（767）前，中书门下的长官中书令和侍中，都是定员二人，正三品；副长官中书侍郎和门下侍郎也都是定员二人，正四品。而且，六部尚书只有一人，中书门下的长官却是两人。换言之，他们还不如六部尚书。

16 本节所述据《新唐书·选举志》，亦请参看王凯旋《中国科举制度史》，吴宗国《唐代科举制度研究》，刘后滨《从三省体制到中书门下体制》，翟国璋《中国科举词典》，杨波《长安的春天》。

17 关于中国古代科举制度与现代公务员制度的关系和区别，详请参看任爽、石庆环《科举制度与公务员制度》。

18 见王定保《唐摭言》卷二。其实此事只能看作传说，白居易荐徐而抑张，很可能因为徐凝为人稳重，张祜放荡不羁。杜牧《登池州九峰楼寄张祜》即称：谁人得似张公子，千首诗轻万户侯。请参看杨波《长安的春天》。

19 见《唐摭言》卷九。

20 请参看刘后滨《从三省体制到中书门下体制》，描述科举制度本质特征的十六个字也出自该文。

21 隋炀帝设置进士科是在大业二年（606），也就是他即位之初。

22 见《唐摭言》卷一。

23 实际上，进士一词在唐代有两个概念，一个指考试的科目，一个指考生的身份。在唐代，但凡州县推荐到长安参加尚书省考试的生员和乡贡，都叫进士。如果放榜时榜上有名，就叫及第进士，也叫新进士。通过吏部考试后，则叫前进士（意思是以前是进士，现在过关了）。后来，秀才科被废，明经科衰落，进士科一枝独秀，进士又有了新的含义。宋代，凡参加进士科考试的都叫进士。通过殿试以后，则按成绩分为进士及第、进士出身、同进士出身三等。到明清，殿试合格者分为三甲。一甲三人，赐进士及第，第一名状元，第二名榜眼，第三名探花。其实榜眼原本是两个人，意思是金榜的两只眼睛。唐代杏园探花的探花使也原本是两个人，后来又有一个人要求参加，变成三个人。结果到明清，榜眼就变成第二名一人，第三名一人则俗称探花。

24 见孟郊《登科后》。

25 见赵嘏《残句》。

26 见《唐摭言》卷一。

第四章

1 关于李彦升、尉迟敬德、安禄山的民族问题，系据向达《唐代长安与西域文明》。

2 康国和安国，在《魏书》和《隋书》的《西域传》都有记载，《隋书·西域传》并称安国国王姓昭氏武，与康国国王同族。但安波至是否安国的王族之后，尚不能确定。亦请参看向达《唐代长安与西域文明》。

3 如崔瑞德《剑桥中国隋唐史》即称独孤信家族为汉化的匈奴氏族，樊树志《国史十六讲》则称该家族为突厥望族，但一般都主张其族别为鲜卑。其来历，《周书·独孤信传》有简单介绍。

4 见《周书·独孤信传》。

5 见《隋书·文献独孤皇后传》,《资治通鉴》卷一百七十八。

6 见《隋书·文献独孤皇后传》。

7 见《旧唐书》之《高祖太穆皇后窦氏传》、《太宗文德皇后长孙氏传》。

8 渗透王朝和征服王朝，是美国德裔历史学家魏特夫（Wittfogel）和中国学者冯家升合著之《中国社会史：辽》一书导言提出的概念（该导言有中译本），在欧美和日本影响很大。请参看气贺泽保规《绚烂的世界帝国：隋唐时代》注 80。

9 混血王朝是本书提出的概念，也有历史学家称之为“二元帝国”，请参看雷海宗《国史纲要》。

10 羁縻作为一种统治方式，最早可以追溯到秦惠王灭巴国后，仍以巴氏为蛮夷君主，但成为制度是在唐。最早是贞观三年以南蛮东谢酋长为应州刺史，南谢酋长为庄州刺史，不过真正产生影响是贞观四年为战败的东突厥设置羁縻府州。

11 据统计，唐代设置的羁縻州多达 856 个，远远超过只有 358 个的普通州，可见此项政策之重要。请参看气贺泽保规《绚烂的世界帝国：隋唐时代》。

12 见《资治通鉴》卷一百九十八。

13 称唐太宗为“华夷父母”的是铁勒部的一个豪酋，见《资治通鉴》卷一百九十三。

14 南疆、北疆和东疆不是行政区划，而是习惯称谓。大体上天山以南为南疆，以北为北疆，以东的哈密和吐鲁番地区为东疆。

15 狭义的西域概念见《汉书・西域传序》：西域以孝武时始通，本三十六国，其后稍分至五十余，皆在匈奴之西，乌孙之南。南北有大山，中央有河，东西六千余里，南北千余里。东则接汉，阸以玉门、阳关，西则限以葱岭。

16 请参看沈福伟《中西文化交流史》，（法）勒内・格鲁塞《中国的文明》。

17 玻璃制品很早就传入了中国，经由路线则有海路和陆路。但可以肯定有一部分是从丝绸之路传入的，唐人所谓“葡萄美酒夜光杯”即可证明。请参看沈福伟《中西文化交流史》。

18 高昌本为军事基地，西汉宣帝时屯田于车师前部，十六国时建郡。公元 460 年，柔然立阚伯周为高昌王，是为高昌建国之始，以后历经阚氏、张氏、马氏、麴氏四代政权，唐太宗时国王为麴文泰。麴文泰与玄奘法师的故事见《大唐大慈恩寺三藏法师传》，归顺大唐事在贞观四年十二月，见《资治通鉴》卷一百九十三。

19 以上见新旧《唐书》之《高昌传》、《侯君集传》、《阿史那社尔传》，《资治通鉴》卷一百九十五。

20 见《新唐书・焉耆传》。

21 唐军统帅名单见《新唐书・龟兹传》，行进路线则见《旧唐书・龟兹传》。现在，库车县与独山子之间有独库公路，当年唐军很可能即沿此线穿过天山。

22 见《旧唐书・龟兹传》，并请参看勒内・格鲁塞《中国的文明》。

23 格桑花又称格桑梅朵，具体为何种植物存在广泛的争议。在藏语中，梅朵是花，格桑是美好时光或幸福的意思。所以格桑花也叫幸福花，长期以来一直寄托着藏族人民期盼幸福吉祥的美好情感。雅砻江则是金沙江的最大支流，又名若水、打冲江、小金沙江，藏语称尼雅曲，意为多鱼之水。据说，吐蕃王朝的前身悉补野即兴起于雅砻河谷地区。

24 吐蕃的得名有各种说法。一般都认为，蕃是藏文 bod（拉丁字母转写，下同）的音译，为古代藏族的自称。其来历可能由于雅砻河谷地区当时为高原农业的中心，称为蕃域，与卓（bro，牧区）相对应。也有人认为蕃是本（bon，藏族原始宗教）的音转。吐的含义也有多种解释，比如山南、上部、大，等等。

25 见《中国大百科全书（第一版）·民族卷》。又，羊同即藏文 zhang zhung 的音译，又译象雄，见罗广武《两唐书吐蕃传译注》。

26 见《新唐书·吐蕃传》，王忠《新唐书吐蕃传笺证》。

27 北京故宫博物院所藏阎立本《步辇图》中，端坐于舆中的是唐太宗，留着浓密胡须面对太宗皇帝的（画面左起第三人）就是禄东赞。

28 以上事见新旧《唐书》之《吐蕃传》，《资治通鉴》卷一百九十五、一百九十六。另请参看崔瑞德《剑桥中国隋唐史》，（美）白桂思《吐蕃在中亚：中古早期吐蕃、突厥、大食、唐朝争夺史》，气贺泽保规《绚烂的世界帝国：隋唐时代》。

29 见索南坚赞著、刘立千译注《西藏王统记（吐蕃王朝世系明鉴）》。

30 请参看气贺泽保规《绚烂的世界帝国：隋唐时代》。另外，藏文的起源有两种说法。佛教学者认为是公元七世纪由国王松赞干布派遣藏族语言学家吞弥·桑布扎到北印度学习梵文，回国后引用梵文字母创制的。但雍仲本教学者则认为藏文完全是从象雄文演变而来。

31 两次会盟分别在唐德宗建中四年（783）和唐穆宗长庆元年（821）。此后，唐蕃战争宣告结束，他们也都开始日薄西山。

32 请参看林幹《突厥与回纥史》。

33 据《中国大百科全书（第一版）·民族卷》。

34 以下所述无另注者，均见《旧唐书·回纥传》、《新唐书·回鹘传》，《中国大百科全书·民族卷》，同时请参看林幹《突厥与回纥史》，气贺泽保规《绚烂的世界帝国：隋唐时代》。

35 据《旧唐书·回纥传》和《新唐书·回鹘传》，宁国公主被回纥可汗册封为可敦（皇后）。该可汗去世后，回纥人原本要以公主殉葬，被公主严词拒绝，然后回到了大唐。

36 一匹绢宽 1 尺 8 寸，长 4 丈，即宽 54 厘米，长 12 米。

37 我国历史学家沈福伟和日本历史学家气贺泽保规都谈到了这一点。据沈福伟先生的研究，在公元 8 世纪中到 9

世纪中，由于河西走廊被吐蕃切断，回纥成为葱岭以东最大的绢丝贸易中间商。他们和粟特商人一起，每年都将成千上万的绢帛运往中亚和西亚，给大唐造成的却是巨大的财政赤字。气贺泽保规先生则特别谈到了绢帛作为高额通货和结算手段为回纥带来巨额财富，从而改变其社会性质的问题。见沈福伟《中西文化交流史》，气贺泽保规《绚烂的世界帝国：隋唐时代》。

38 请参看气贺泽保规《绚烂的世界帝国：隋唐时代》。

39 见《回鹘毗伽可汗圣文神武碑》。

40 见《中国大百科全书（第一版）·宗教卷》。

41 见《新唐书·回鹘传》。

42 李德裕《会昌一品集》卷二即称，回纥在长安造成的风气，是逐利之人甚多，邪恶之人影从（交利者风偃，挟邪者景附）。

43 裕固族的前身包括武则天时期迁徙到今张掖、武威的回纥和公元 840 年以后迁来的回鹘，元、明时称撒里畏兀儿，1953 年定名裕固族。维吾尔是本族的自称，一般认为有联合、协助的意思，其族源有两种说法：一种认为回鹘西迁后，天山一带和南疆各民族被回鹘化；另一种认为新疆自古就有维吾尔族，与回鹘同为古维吾尔人，两者汇合即为后来的维吾尔族。请参看《中国大百科全书（第一版）·民族卷》。

44 关于伊斯兰文明与中华史的关系，请详见本中华史下一卷。

45 以上据《新唐书·回鹘传》附录，林惠祥《中国民族史》。

46 这两个数据见《唐会要》卷七十三，《新唐书·回鹘传》，并请参看向达《唐代长安与西域文明》。

47 分别见李白《白鼻䯄》、《少年行》之二，杜甫《饮中八仙歌》。䯄读如瓜，黑嘴小黄马。

48 花蕊夫人《宫词》。

49 见《新唐书·常山王承乾传》。李承乾后来被废为庶人。

50 以上两段综合参考向达《唐代长安与西域文明》，沈福伟《中西文化交流史》，李斌城等《隋唐五代社会生活史》。

51 请参看气贺泽保规《绚烂的世界帝国：隋唐时代》。另，辽宁省博物馆藏唐代画家张萱的《虢国夫人游春图》亦可资证明。

52 唐陈鸿祖《东城老父传》称：今北胡与京师杂处，娶妻生子，长安中少年有胡心矣。

53 见《旧唐书·舆服志》。又白居易《时世妆》称：元和妆梳君记取，髻堆面赭非华风。可见依照吐蕃习俗面赭，是唐高宗治理整顿之后的事，也可见这种治理整顿并无效果。

54 抓饭在当时叫饆饠（读如必罗），是波斯语 pilaw 的音译。请参看向达《唐代长安与西域文明》，沈福伟《中西文化交流史》。

55 汉魏已知葡萄酒，见《晋书・吕光载记》；唐太宗酿造葡萄酒，见《册府元龟》卷九百七十。同时请参看向达《唐代长安与西域文明》，沈福伟《中西文化交流史》。

56 见封演《封氏闻见记》卷六《打球》，同时请参看向达《唐代长安与西域文明》，沈福伟《中西文化交流史》。

57 事见《唐语林》卷四。唐玄宗在凉殿接待这位言谏官员，很可能是故意的，因为这位官员反对建设凉殿。于是唐玄宗特意安排他坐在藏了冰块的座位上，又赐给他加了刨冰的冷饮，终于导致该官员的腹泻，而玄宗本人却还擦汗不止。事后，唐玄宗对该官员说，人与人是有个体差异的，爱卿以后提意见还是多加考虑为好。

58 向达先生根据《旧唐书・拂菻传》的相关记载，认为这项技术应该来自东罗马帝国。请参看向达《唐代长安与西域文明》。

59 见《新唐书・西域传上・疏勒》。

第五章

1 其实，这时的日本已经成为一个相当文明的国家，《隋书·倭国传》称朝鲜半岛南部的新罗和百济都以日本为大国，执政的圣德太子年轻有为，跟隋炀帝一样很有文化素养。但《隋书》将日本国书的措辞和炀帝的反应都郑重其事地记录在案，说明当时隋人对此十分在意。后来隋帝国大使赴日，又发生了所谓“国书被劫”事件，更能说明这一点。详见袁刚《隋炀帝传》。

2 这段历史诸家说法有异，本书采信袁刚《隋炀帝传》的说法，同时请参看《隋书·倭国传》，《资治通鉴》卷一百八十一。

3 实际上当时中国人对日本知之甚少，获得的情报也相当皮毛，甚至乖谬。比如隋文帝得到的信息便是：倭王以天为兄，以日为弟，因此天不亮就办公，太阳一出来就下朝，声称要将政务交给太阳弟弟处理。隋文帝认为这“太无义理”，于是以世界之王的口气下达训令让日本人改正。见《隋书·倭国传》。

4 隋炀帝三次征讨高句丽，其劳民伤财的程度超出了人民群众的忍受极限，起义在《无向辽东浪死歌》中爆发。隋炀帝不思悔改，又北巡突厥，结果被困雁门。从此帝国和炀帝都一蹶不振，直至灭亡。

5 见《新唐书·魏徵传》，《资治通鉴》卷一百九十八。

6 邱久荣撰《中国大百科全书（第一版）·民族卷》高句丽条称：“北齐废帝乾明元年（560）封其王为高丽王，自此称高丽。”实际上，此前早已有人称高句丽为高丽，如《魏书·高句丽传》载北魏世宗宣武帝元恪接见高句丽使者，双方均称高句丽为高丽。但其王的封号仍为高句丽王。可知高丽实为当时高句丽的习惯性简称。另请参看《北史·高丽传》、《隋书·高丽传》。

7 据《中国大百科全书（第一版）·民族卷》。

8 见《后汉书·东夷传》，《三国志·东夷传》，崔连仲主编《世界通史·古代卷》。

9 事见《隋书·裴矩传》。以上各段描述参考了袁刚《隋炀帝传》。

10 见《资治通鉴》卷一百八十。但《资治通鉴》没有记载启民可汗向隋炀帝汇报高句丽来使一事。据隋炀帝北巡突厥行程，高颎之死应该在此之后。

11 佛教从前秦传入高句丽是在东晋咸安二年(372),《论语》从百济传入日本是在西晋太康六年（285），根据汉字草书偏旁创造平假名的是学问僧空海，根据汉字楷书偏旁创造片假名的是留学生吉备真备。见王仲荦《隋唐五代史》。

12 本节述圆仁故事均引自气贺泽保规《绚烂的世界帝国：隋唐时代》。

13 据气贺泽保规《绚烂的世界帝国：隋唐时代》，最澄和空海是在唐德宗时期的公元 804 年同时搭乘遣唐使船入华的。

14 请参看范文澜《中国通史》，翦伯赞《中国史纲要》。

15 据气贺泽保规《绚烂的世界帝国：隋唐时代》，这九艘商船是日本遣唐使在楚州（今江苏省淮阴市和淮安市一带）雇用的。

16 张保皋的新罗名叫弓福，日文名叫张保高，部分事迹在《新唐书·新罗传》中有记载，杜牧也有《张保皋郑年传》。

17 2004 年，韩国国家电视台 KBS 耗资 150 亿韩元推出反映张保皋生平事迹的 51 集电视剧《海神》，投资额超过《大长今》，在韩国和中国都引起强烈反响。

18 见《大唐大慈恩寺三藏法师传》。

19 事见《日本书记》，并请参看袁刚《隋炀帝传》。

20 本次使团的大使是犬上三田耜，贞观四年八月出使，贞观六年八月回国。

21 请参看王仲荦《隋唐五代史》。

22 见《隋书·倭国传》。

23 请参看向达《唐代长安与西域文明》。

24 以上据王仲荦《隋唐五代史》，气贺泽保规《绚烂的世界帝国：隋唐时代》。

25 白居易《登观音台望城》。

26 气贺泽保规先生即认为，由于北魏、北周和隋唐都是以鲜卑为主流的政权，宇文恺又是鲜卑人，因此在棋盘格局的坊制中包含着北方游牧民族的想法并不奇怪。本书则认为，由于北周号称要恢复周制，因此产生井田制的想法也不奇怪。

27 见《资治通鉴》卷二百三十二，并请参看王仲荦《隋唐五代史》。

28 见唐人沈既济《任氏传》。

29 鉴真法师是东渡日本时被风暴吹到广州的，此处原文见《唐大和上（大和尚）东征传》。

30 李商隐《杂纂·不相称》称“穷波斯，病医人”。意思是医生不该病恹恹，波斯人也不会穷兮兮的。

31 以上综合参考向达《唐代长安与西域文明》，王仲荦《隋唐五代史》，气贺泽保规《绚烂的世界帝国：隋唐时代》，周时奋《中国历史十一讲》。

32 阿倍仲麻吕也写作阿部仲麻吕，晁衡也写作朝衡。本节所述无另注者，均请参看范文澜《中国通史》，翦伯赞《中国史纲要》，王仲荦《隋唐五代史》，气贺泽保规《绚烂的世界帝国：隋唐时代》。

33 阿倍仲麻吕的《衔命还国作》后来收录在宋代编辑的《文苑英华》里，也是《文苑英华》中唯一的外国人作品。诗的全文是：衔命将辞国，非才忝侍臣。天中恋明主，海外忆慈亲。伏奏违金阙，骓骖去玉津。蓬莱乡路远，若木故园邻。西望怀恩日，东归感义辰。平生一宝剑，留赠结交人。

34 阿倍仲麻吕回国时，船被风吹到了安南。仲麻吕只得返回大唐，唐代宗大历五年（770）卒于长安。同年，杜甫卒。

35 此路线请参看向达《唐代长安与西域文明》。

36 段成式《酉阳杂俎》续集卷五。

37 见唐人薛用弱《集异记》。

38 本诗是嵯峨天皇模仿张志和《渔父词》所作，一共五首，题为《杂言渔歌》。它们及朝臣滋野贞主奉和的五首，均收入《经国集》。

39 必须指出，中华的扩张并非没有止境。从中唐开始，中华帝国就在总体上变得收缩内敛，开拓进取不再成为时代的主旋律，但这个话题却只能留待将来。

40 文化没有优质和劣质之分，却有优势和劣势之别，是邓晓芒先生的观点，请参看邓晓芒《西方哲学的特点——与中国对比》。

41 关于突厥、回纥、吐蕃、日本、新罗的选择和命运，请参看气贺泽保规《绚烂的世界帝国：隋唐时代》。

42 请参看范文澜《中国通史》第四册。

本卷大事年表

581年（隋文帝开皇元年），北周静帝让位于隋王杨坚，北周亡。杨坚称帝，是为文帝，国号隋。杨坚以长子杨勇为皇太子，封次子杨广为晋王，任并州主管，年十三岁。

582年（开皇二年），南朝陈宣帝卒，子陈叔宝继位。

583年（开皇三年），废九品中正制，东西突厥分裂。

584年（开皇四年），凿广通渠，引渭水至潼关。

588年（开皇八年），隋师伐陈，以杨广为行军元帅。

589年（开皇九年），陈亡，隋统一中国。

591年（开皇十一年），吐谷浑称臣。

592年（开皇十二年），日本推古女皇继位。

600年（开皇二十年），废太子杨勇，立杨广。

603年（仁寿三年），西突厥尽有东突厥之地。

604年（仁寿四年）七月十三日，隋文帝杨坚卒于仁寿宫，享年六十四岁，在位二十四年。二十一日，皇太子杨广继位，是为隋炀帝。是日，杀故太子杨勇。十月十六日，葬文帝。十一月三日，亲至洛阳勘测地形，定洛阳为东都。十一月二十日，陈叔宝卒，谥为炀。

605年（隋炀帝大业元年），开通济渠，引河入汴，引汴入泗，以达于淮。开邗沟入江。八月，隋炀帝到江都。

607年（大业三年），日本大使小野妹子到中国。

608年（大业四年），正月，开永济渠，南建于河，北通涿郡（今北京）。

610年（大业六年），三月，隋炀帝再至江都。十二月，开江南河，自京口（今镇江市）至余杭（今杭州市）。

612年（大业八年），第一次征辽东。

613年（大业九年），第二次征辽东。

616年（大业十二年），隋炀帝三至江都，同时任命李渊为太原留守。

617年（大业十三年）五月，李渊起兵太原。十一月，攻克长安，立杨侑为皇帝，尊杨广为太上皇。

618年（唐高祖武德元年）三月，隋炀帝在江都被杀，享年五十岁，在位十五年。五月，李渊称帝于长安，国号唐，唐王朝建立。

619年（武德二年）正月，定租庸调法。

621年（武德四年），李世民战洛阳，活捉窦建德，逼降王世充，六月在长安举行入城式。

622年（武德五年），穆罕默德在麦加创立伊斯兰教。

626年（武德九年）六月，玄武门事变。

629年（唐太宗贞观三年），玄奘赴印度取经。

630年（贞观四年），唐破东突厥，唐太宗被各民族酋长尊为天可汗。穆罕默德建立阿拉伯帝国，中国人称为大食。

632年（贞观六年），穆罕默德逝世。

635年（贞观九年），唐军攻陷吐谷浑国都，吐谷浑成为大唐羁縻之下的傀儡国家。景教传入中国。阿拉伯军团攻陷东罗马帝国大马士革。

637年（贞观十一年）或638年（贞观十二年），吐蕃大败吐谷浑。

639年（贞观十三年），唐太宗出兵西域征讨高昌。

640年（贞观十四年），高昌王麴文泰卒，子智盛继位，败于唐。唐建安西都护府于交河故城。

641年（贞观十五年），文成公主进藏。

644年（贞观十八年），唐灭焉耆国。

645年（贞观十九年），玄奘回到长安。

648年（贞观二十二年），唐灭龟兹国。

649年（贞观二十三年），唐太宗李世民卒，享年五十一岁，在位二十四年。

651年（唐高宗永徽二年），阿拉伯军团灭波斯萨珊王朝，阿拉伯帝国使节至长安，伊斯兰教开始传入中国。

657年（显庆二年），唐军击溃西突厥。

660年（显庆五年），唐高宗病休，武则天执政。新罗联合大唐灭百济。

668年（乾封三年，总章元年），唐灭高句丽，尽有其地，于平壤设安东都护府以统之。

670年（咸亨元年），吐蕃大举攻唐，安西四镇被废。

672年（咸亨三年），吐蕃再攻吐谷浑，吐谷浑亡。

679年（调露元年），置安南都护府于宋平（越南河内）。

690年（武则天天授元年），武则天称帝，国号周。

705年（唐中宗神龙元年），武则天卒，大唐复国。

713年（唐玄宗开元元年），渤海王建国。

742年（天宝元年），西突厥御底灭亡。

755年（天宝十四年），安史之乱起。

763年（唐代宗广德元年）十月，吐蕃占领长安，国力鼎盛。

783年（唐德宗建中四年），唐蕃在清水缔结盟约。

788年（贞元四年），回纥行文大唐，宣布改称回鹘。此后从唐德宗贞元十一年至唐宪宗元和十六年（795—821）为回鹘汗国全盛时期。

821年和822年（唐穆宗长庆元年、二年），唐蕃在长安和拉萨缔结盟约。

840年（唐文宗开成五年），回鹘汗国灭亡。

关注“易中天”微信公众号，

看易中天评古论今，让思想文化更适合当代人。

易中天中华史：隋唐定局

产品经理 | 贺彦军
学术顾问 | 陈　勤
法律顾问 | 黄荣楠
出版统筹 | 吴　畏

装帧设计 | Mirro
插图绘制 | 方佳翮
何　姝
高文婧

后期制作 | 白咏明
内文设计 | 谈　天
特约印制 | 梁拥军
策 划 人 | 路金波

易中天中华史

第一部［先秦］01——06 卷
01 祖先　02 国家　03 奠基者　04 青春志　05 从春秋到战国　06 百家争鸣

第二部［秦汉魏晋南北朝］07——12 卷
07 秦并天下　08 汉武的帝国　09 两汉两罗马　10 三国纪　11 魏晋风度　12 南朝，北朝

第三部［隋唐］13——16 卷
13 隋唐定局　14 禅宗兴起　15 女皇武则天　16 安史之乱

第四部［宋元］17——20 卷
17 大宋革新　18 王安石变法　19 风流南宋　20 铁血蒙元

第五部［明清］21——24 卷
21 朱明王朝　22 严嵩与张居正　23 大航海时代　24 命运和选择

图书在版编目（CIP）数据

隋唐定局 / 易中天著. -- 杭州 : 浙江文艺出版社,
2015.10（2022.1 重印）
（易中天中华史）
ISBN 978-7-5339-4278-6

Ⅰ. ①隋… Ⅱ. ①易… Ⅲ. ①中国历史—隋唐时代—通俗读物 Ⅳ. ① K240.9

中国版本图书馆 CIP 数据核字（2015）第 201128 号

易中天中华史
隋唐定局
易中天 著

责任编辑 金荣良
装帧设计 朱镜霖
插 画 方佳翮 何 姝 高文婧

出版发行 浙江文艺出版社
地 址 杭州市体育场路 347 号 邮编 310006
经 销 浙江省新华书店集团有限公司
果麦文化传媒股份有限公司
印 刷 河北鹏润印刷有限公司
开 本 890 毫米 ×1280 毫米 1/32
字 数 118 千字
印 张 6.75
印 数 379,801—384,800
版 次 2015 年 10 月第 1 版 2022 年 1 月第 42 次印刷
书 号 ISBN 978-7-5339-4278-6
定 价 45.00 元